VV Kids

2
PROGRAMA
COMO
UN GENIO

CREA TUS PROPIAS ANIMACIONES
CON SCRATCH

TEXTOS DE
CODER KIDS

ILUSTRACIONES
Y DISEÑO GRÁFICO DE
VALENTINA FIGUS

SCRATCH 2.0

VARIABLES

ESCENARIO

OBJETO

MOVIMIENTO

SPRITE

PROYECTOS

CLIC

CICLOS

NIVELES

DIRECCIÓN

NÚMEROS ALEATORIO

SIEMPRE

FONDOS

FLECHA **CLIC**

2

ÍNDICE

Para qué aprender a programar

"No te compres un nuevo videojuego: crea uno. No te descargues la última aplicación: diséñala. No te limites a usar tu teléfono: ¡prográmalo!".

Barack Obama

En las primeras décadas del siglo XXI, el concepto de pensamiento computacional se ha abierto paso en el discurso sobre los nuevos horizontes de la educación. Esta expresión no solo engloba la capacidad de utilizar el ordenador como instrumento, sino también la de conceptualizar los problemas que su uso plantea para poder resolverlos.
La opinión de que la programación sirve para afianzar competencias lingüísticas y matemáticas básicas en la educación primaria está cada vez más extendida.

Esta colección está pensada para presentar a los niños los conceptos básicos de la programación. Los jóvenes lectores podrán aprender a programar y crear juegos cada vez más complejos mediante el uso de un lenguaje creado especialmente para ellos (Scratch 2.0). El objetivo, sin embargo, no es formar pequeños programadores: este libro tan solo se propone familiarizar a los lectores con el código de programación y facilitarles un nuevo instrumento para expresar su creatividad, enseñándoles a encontrar soluciones eficientes a los problemas que puedan surgir por el camino. Se trata, en última instancia, de una invitación a crear proyectos propios: los lectores descubrirán el placer de dar vida a sus ideas a partir de una simple página en blanco, y podrán poner a prueba su creatividad y su imaginación.

Nos gustaría, por otro lado, que los jóvenes no se enfrentaran a la tecnología de una manera pasiva, sino que trataran de comprenderla y percibirla como lo que es: un potente instrumento para dar forma a sus ideas.

El libro se compone de 6 proyectos de dificultad creciente, cada uno de los cuales conduce a la creación de un minijuego para el ordenador. El resultado final, en todos los casos, es un juego sencillo, alejado de los complejos videojuegos que produce la industria especializada en el sector. Es importante recordar que en nuestro caso el objetivo, más que jugar, es programar.

El primer apartado desarrolla una explicación general sobre el funcionamiento de Scratch y de su interfaz. En caso de que el lector ya esté familiarizado con este lenguaje de programación, la lectura puede abordarse directamente desde la descripción del primer proyecto.
Al inicio de cada proyecto, los usuarios encontrarán una descripción del juego que van a crear, una relación de los materiales necesarios (descargables en la página web) y algunas curiosidades relacionadas con el diseño de videojuegos. A continuación, se ilustrará paso a paso el procedimiento a seguir para crear cada juego.

En todos los proyectos pueden encontrarse algunos recuadros (señalados con una lupa de aumento) que ilustran y definen conceptos indispensables para usar Scratch de manera autónoma, mientras que los cuadros titulados «¿Lo sabías?» contienen explicaciones más detalladas sobre varios temas.

Al concluir cada proyecto el lector encontrará un desafío, es decir, una modificación del juego que deberá realizar por su cuenta guiado por la intuición, y cuya solución se proporciona al final del libro. Es aconsejable que los estudiantes traten de aplicar estas variaciones del juego para poner a prueba su comprensión de los contenidos explicados.

LA PÁGINA WEB

www.vvkids.com/coding

Para dar apoyo a esta colección se ha creado la página web www.vvkids/coding. Con ella, los usuarios, después de seleccionar la lengua deseada y el título del libro, podrán acceder a contenidos relacionados con el uso de Scratch. También tendrán a su disposición personajes y fondos descargables para personalizar sus proyectos, aunque los juegos pueden funcionar con imágenes externas si estas tienen el formato adecuado.

En la página web todos los materiales están en formato SVG, pero Scratch admite también archivos PNG, JPG y GIF.

Los materiales y juegos contenidos en este libro son propiedad de la Editorial y se pueden utilizar libremente siempre y cuando se destinen a fines privados y no comerciales.

¿QUÉ SIGNIFICA PROGRAMAR?

Programar significa dar órdenes a un ordenador en un lenguaje que "él" pueda comprender.

Un programa, por tanto, convierte el ordenador en un instrumento útil para realizar una tarea concreta: le indica cómo debe comportarse y en qué ocasiones. Los comandos escritos por un programador deben ser muy precisos y tener en cuenta todas las posibilidades, porque el ordenador no tiene la capacidad de "pensar" de manera autónoma.

Algoritmos

Un algoritmo es una serie ordenada y precisa de instrucciones destinadas a obtener un resultado. Imaginemos que tenemos que explicarle a un robot cómo llegar hasta un lugar concreto en una cuadrícula como la siguiente. Para llegar a C3 partiendo de A1, el robot podría realizar los siguientes pasos:
Desplazarse dos casillas a la derecha hacia 1. Desplazarse dos casillas hacia arriba de 1.
Este sería un sencillo ejemplo de algoritmo. Obviamente, no existe nunca una única posibilidad para resolver un problema.

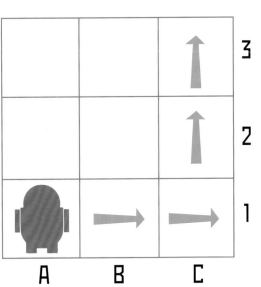

Scratch 2.0

"Scratch es un diseño de Lifelong Kindergarten Group de los Media Lab del MIT. Está disponible de manera completamente gratuita.
Scratch ha sido creado expresamente para enseñar a los jóvenes a pensar de forma creativa, a razonar de modo sistemático y a trabajar de manera colaborativa, aptitudes esenciales para cualquier persona que viva en el siglo XXI.
Con Scratch puedes programar historias interactivas, juegos y animaciones, y puedes compartir tus creaciones con el resto de miembros de la comunidad."

[https://scratch.mit.edu/about/]

Los proyectos de este libro han sido concebidos para la versión 2.0 de Scratch, aunque también existe otra versión menos reciente del programa (1.4).

Scratch no solo es un lenguaje de programación: también es un entorno de programación, una comunidad, una página web y una plataforma en la nube donde podrás colgar tus propios proyectos.

Existen dos maneras de trabajar con Scratch: utilizando el editor en línea o bien descargando el programa en el ordenador para poder usarlo sin conexión a internet.

PROGRAMAR "EN LÍNEA"

Para utilizar Scratch *online* basta con conectarse a la página web scratch.mit.edu y unirse a la comunidad de Scratch creando una cuenta. Es aconsejable ayudar a los más jóvenes en esta fase, puesto que se requiere la introducción de datos personales. Una vez creada la cuenta y escogidos el nombre de usuario y la contraseña, los usuarios podrán acceder a un espacio de trabajo propio y empezar a programar. Los proyectos que se realizan son individuales, pero pueden compartirse si así lo desean los programadores.

PROGRAMAR SIN CONEXIÓN A INTERNET

Para usar Scratch sin conexión a internet, se puede descargar el programa desde la página oficial, en el enlace **scratch.mit.edu/scratch2download**, y seguir las instrucciones para su instalación.

No es necesario crear ninguna cuenta para utilizar Scratch *offline*.

En ambas versiones, haciendo clic en el símbolo [?] pueden encontrarse útiles sugerencias para empezar a abordar los temas propuestos en el libro y profundizar en ellos.

Adobe AIR

Si no está ya instalado en tu PC, descarga e instala la última versión de **Adobe AIR**

Editor Offline de Scratch (Beta)

Después, descarga e instala el **Editor Offline de Scratch 2.0**

Materiales de apoyo

¿Necesitas ayuda para empezar? Aquí van algunos recursos útiles:

Proyectos de arranque
Guía de inicio
Tarjetas de Scratch

Objetos, Escenario, Programas

OBJETOS

Los personajes 2D que utilizarás en Scratch se llaman Objetos, *Sprite* en inglés. Scratch te permite elegirlos de su biblioteca, pero también podrás dibujarlos, cargarlos desde tu ordenador o crearlos a partir de fotos.

x: 240 y: 30

Objetos   Nuevo Objeto:

ESCENARIO

El Escenario, en Scratch, administra todos los fondos de tus proyectos. Como en el caso de los Objetos, puedes escoger los fondos en la biblioteca, dibujarlos, cargarlos desde el ordenador o usar una fotografía.

Fondo nuevo:

 Selecciona un Objeto de la biblioteca

 Selecciona un fondo de la biblioteca

 Dibujar nuevo Objeto/fondo

 Cargar Objeto/fondo desde archivo

 Nuevo Objeto/fondo desde cámara

PROGRAMAS

Los programas son las instrucciones y los comandos que proporcionas a los Objetos y al Escenario.

SECUENCIALIDAD

El ordenador ejecuta los comandos de arriba a abajo, uno cada vez.

PROGRAMA ACTIVO

Cuando Scratch está ejecutando un Programa, este se ilumina.

ÁREAS

Scratch 2.0 se divide en 5 áreas principales. Veámoslas.

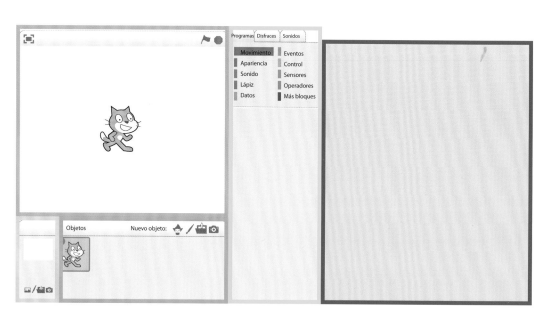

Escena del juego: aquí cobran vida tus historias y tus juegos. Desde esta área es posible pulsar:

Comenzar el juego.

Detener el juego.

Pasar al modo Juego. ¡Atención! ¡En modo juego solo puedes jugar y no modificar! Para volver a retocar el proyecto pulsa de nuevo la misma tecla.

Área Escenario: contiene los fondos de tu proyecto

Área Objeto: contiene tus personajes y objetos

Área Bloques: contiene todas las instrucciones de Scratch

Área Programas: está pensada para permitirte dar comandos a cada uno de tus fondos y objetos

HERRAMIENTAS

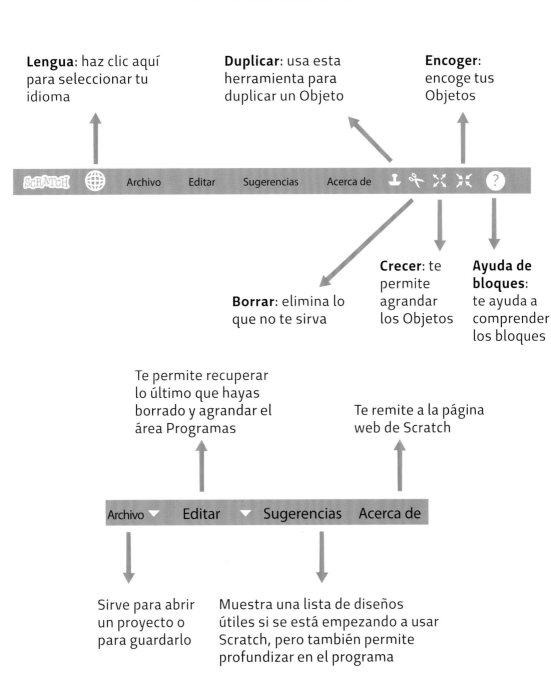

Lengua: haz clic aquí para seleccionar tu idioma

Duplicar: usa esta herramienta para duplicar un Objeto

Encoger: encoge tus Objetos

SCRATCH   Archivo   Editar   Sugerencias   Acerca de

Crecer: te permite agrandar los Objetos

Ayuda de bloques: te ayuda a comprender los bloques

Borrar: elimina lo que no te sirva

Te permite recuperar lo último que hayas borrado y agrandar el área Programas

Te remite a la página web de Scratch

Archivo   Editar   Sugerencias   Acerca de

Sirve para abrir un proyecto o para guardarlo

Muestra una lista de diseños útiles si se está empezando a usar Scratch, pero también permite profundizar en el programa

BLOQUES

al presionar ⚑

Bloques con sombrero: se colocan siempre al comienzo de una cadena de comandos e indican su inicio. Sobre ellos no se puede pegar nada.

apuntar en dirección 90 ▼

Bloques de comando: son los bloques que usarás con más frecuencia, sirven para indicar a los componentes del juego QUÉ deben hacer. Por encima y por debajo de ellos es posible pegar otros bloques.

por siempre

Bloques en forma de C: dicen al juego SI hacer algo y CUÁNTAS VECES hacerlo. Tienen forma de C porque pueden englobar otros bloques.

detener todo ▼

Bloques finales: se colocan al final de los programas, porque indican el FINAL. De hecho, debajo de ellos no se pueden añadir otros bloques.

Bloques de condición: se reconocen por su forma hexagonal y solo pueden asumir dos valores: VERDADERO o FALSO.

posición x

Bloques "reporter": tienen forma redondeada y asumen diversos tipos de valores, por ejemplo numéricos y textuales.

¡Atención! En algunos de estos bloques encontrarás un pequeño triángulo negro. Si haces clic en él, se abrirá lo que en informática se llama "menú desplegable": desde él podrás seleccionar un valor distinto al que está escrito en el bloque.

apuntar en dirección 90 ▼

(90) derecha
(- 90) izquierda
(0) arriba
(180) abajo

Movimiento	Eventos
Apariencia	Control
Sonido	Sensores
Lápiz	Operadores
Datos	Más bloques

Los bloques de Scratch tienen diferentes colores según la categoría a la que pertenezcan. Por ejemplo, todos los comandos que sirven para mover a los personajes de tus proyectos se encuentran en la categoría Movimiento y son de color azul. Para ver los bloques de cada categoría, bastará con que hagas clic en su nombre.

Los bloques también se pueden unir entre ellos, si su forma encaja bien con el espacio que deben llenar.

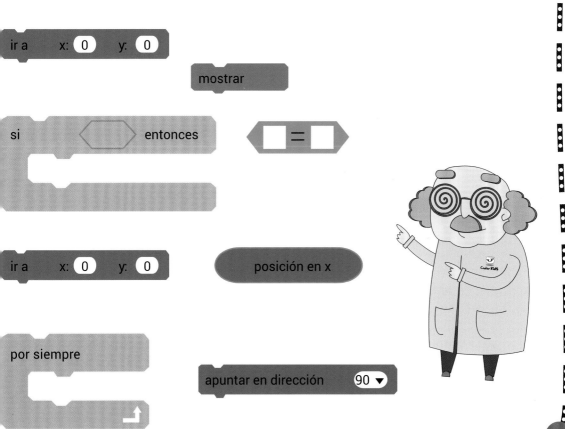

Movimiento	Eventos	
Apariencia	Control	
Sonido	Sensores	
Lápiz	Operadores	
Datos	Más bloques	

Movimiento: contiene las instrucciones que hacen desplazarse, girar y moverse a tus personajes.

Apariencia: aquí están los bloques que modifican el aspecto de todo lo que está en escena.

Sonido: ¿quieres añadir un poco de música al proyecto? Aquí encontrarás lo que necesitas para hacerlo.

Lápiz: para trazar una línea o crear complejos efectos gráficos, ¡solo necesitas un lápiz!

Datos: si haces clic en esta categoría, puedes crear variables o listas. ¿Qué significa esto exactamente? ¡Lo descubrirás más adelante!

Eventos: contiene todos los bloques que representan diversas situaciones.

Control: los bloques de esta categoría, extremadamente importantes, le explican al programa cómo y cuándo ejecutar los diversos Programas.

Sensores: si dos objetos se están tocando o si se pulsa una tecla, ¡los sensores siempre se dan cuenta!

Operadores: las matemáticas a veces también son útiles... Los operadores pueden servir para hacer cálculos o para comparar dos números.

Más bloques: esta categoría está vacía, pero te permite crear tus propios bloques.

PESTAÑAS

PESTAÑAS DE OBJETOS

Cada Objeto tiene 3 pestañas:
Si seleccionas la primera, Programas, se abrirá el listado de los bloques, y a la derecha el área para construir los Objetos.

La segunda, Disfraces, contiene todos los disfraces del Objeto seleccionado, es decir, todas las apariencias que puede adoptar.
A la derecha verás el editor gráfico de Scratch, que permite modificar el aspecto de los personajes.

La pestaña Sonidos sirve para añadir un sonido de la biblioteca de Scratch, pero también para grabarlo o descargarlo de tu ordenador.

PESTAÑAS DEL ESCENARIO

El Escenario también tiene 3 pestañas:
Programas y Sonidos funcionan igual que las pestañas de Objetos.
Pero la segunda pestaña, Fondos, es distinta.

De hecho, mientras el Objeto se presenta de forma diversa según el disfraz que se elija, el aspecto del Escenario cambia con el fondo.
Si abres la pestaña Fondos verás todos los que has incluido en tu proyecto.
También podrás añadir otros nuevos.

PROYECTOS

¡Aquí comienza tu viaje para descubrir
el mundo de la programación!

Si todavía no tienes instalado Scratch,
este es el momento de instalarlo.
Pide ayuda a un adulto si crees que lo necesitas.

Algunos de estos juegos te parecerán
fáciles... para jugar. El auténtico desafío es
programarlos partiendo de cero.

1.

NIVEL

EL AMANECER DE UN NUEVO DÍA

1.

EL AMANECER DE UN NUEVO DÍA

NIVEL:

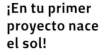

¡En tu primer proyecto nace el sol!

Podrás darle vida a un mágico amanecer africano...

EL JUEGO

Consigue que la oscuridad desaparezca poco a poco mientras el sol se eleva en el cielo.

COSAS NUEVAS QUE APRENDERÁS:

- Plantear un proyecto desde el principio
- Crear una animación simple
- Usar efectos gráficos

MATERIALES

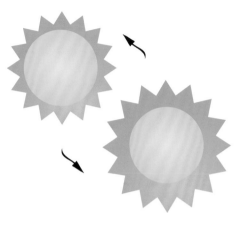

FONDOS

¡Ahora te lo explico todo! Vayamos paso a paso.

MATERIALES

En la página web https://scratch.mit.edu, hemos preparado todo lo que necesitas para llevar a cabo nuestros juegos. En ella encontrarás varias versiones de cada personaje y numerosos fondos en los que ambientar sus aventuras.

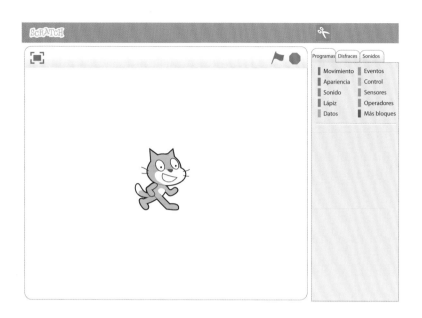

Antes de empezar a trabajar en tu proyecto, debes preparar Scratch: esto es, ¡abrirlo!

Cada vez que empieces un nuevo trabajo, en el centro de la pantalla aparecerá un gato, el personaje que identifica el logotipo de Scratch.

En esta ocasión él no será el protagonista de tu juego, así que deberás eliminarlo utilizando la herramienta BORRAR.

ELEGIR UN PERSONAJE

El primer paso para dar vida a nuestro mundo es poblarlo de Objetos (*Sprite*). Pero, ¿Qué es un Objeto?

En inglés, el término *Sprite* designa una criatura mitológica parecida a un hada o a un fantasma.

Los personajes diseñados en 2D, como los que utilizamos en Scratch, se llaman así porque flotan sobre un diseño fijo, es decir, sobre el fondo, pero no forman parte de él.

Esta manera de diseñar y animar a los personajes se inventó en los años 70 del siglo pasado, y permite introducir en los videojuegos muchos más personajes y hacerlos más detallados. Antes de que se ideara, el ordenador tenía que dibujar el personaje desde el principio para simular que se desplazaba por la pantalla.

¡AHORA PUEDES ELEGIR TUS OBJETOS!

En la sección Nuevo Objeto, haz clic sobre el icono que tiene forma de carpeta para descargar un Objeto en tu ordenador desde la página web.

Para descubrir cómo descargar Objetos de la página web, vuelve al apartado "Personajes, Escenario, Programas" (p. 10).

ELIGE EL OBJETO DE LA NOCHE Y EL DEL SOL

¡Atención! Es importante introducir los Objetos en un determinado orden: imagina los Objetos como hojas de papel colocadas unas encima de otras. En primer plano estará el sol, debajo de él la noche, y debajo de la noche, el fondo del día.

El fondo es un dibujo fijo sobre el que se mueven los personajes de tus historias.

Como ocurre con los Objetos, puedes elegir entre dibujar tus propios fondos, buscarlos en el exterior, cargarlos de la biblioteca de Scratch o añadirlos directamente desde la cámara de tu ordenador.

Haz clic sobre el icono de la carpeta, en la sección Fondo nuevo, para cargar un fondo en tu ordenador; también en este caso recuerda descargarlo antes de la página web.

¿POR QUÉ HEMOS UTILIZADO UN FONDO PARA EL CIELO DIURNO Y UN OBJETO PARA EL NOCTURNO?

¡Muy sencillo!

Para conseguir el efecto que buscamos, debemos poner la noche en primer plano y hacer que se desvanezca lentamente mientra da paso al día. Puesto que no podemos superponer dos fondos, uno de los dos tendrá que ser un Objeto.

¡ATENCIÓN!

Fondo y **Escenario** no son lo mismo.

El Escenario es un elemento de Scratch que puede recibir instrucciones. Se ocupa de realizar el cambio de fondo y de otros aspectos que no se refieren a un solo personaje sino al juego en general.

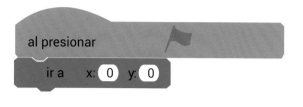

Los Objetos siempre deben saber qué hacer y cuándo hacerlo: ¡serás tú quien se lo diga! Para empezar, desplázate a la pestaña Programas.

Para más detalles sobre las secciones de Scratch, ve a la página 17.

Arrastra al área de trabajo el primer bloque: AL PRESIONAR la bandera verde.
La bandera verde sirve para que se ponga en marcha lo que hemos programado, sea un juego o una simple animación.

Debajo de este bloque se añadirán, por orden, el resto de instrucciones que el Objeto deberá seguir cuando arranque el programa.

Después del primer bloque, introduce el siguiente: IR A X:0, Y: 0.
De este modo, al presionar la bandera verde, el personaje se posicionará en el centro del Escenario.

Para conseguir que nuestro Objeto desaparezca, utilizaremos un efecto gráfico de Scratch: el EFECTO FANTASMA.

Toma un bloque POR SIEMPRE e introdúcelo debajo del último bloque que habías colocado.

Dentro de POR SIEMPRE, inserta un bloque CAMBIAR EFECTO FANTASMA POR 10. Añade también la instrucción ESPERAR 1 SEGUNDO para que el Objeto desparezca más despacio.

POR SIEMPRE

Los bloques como POR SIEMPRE se denominan "ciclos". En programación, las instrucciones de este tipo se utilizan para repetir una serie de comandos. En Scratch, un POR SIEMPRE repite hasta el infinito las instrucciones que contiene, en el orden en el que han sido dispuestas. En realidad, no las repite exactamente "para siempre": sería más correcto decir que lo hace hasta que el programa se detiene.

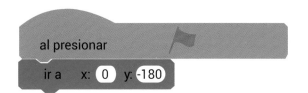

ir a   x: 0   y: -180

Como hemos hecho con el Objeto del cielo nocturno, démosle una posición inicial a nuestro segundo Objeto, el sol.

Esta vez, necesitamos que al presionar la banderita verde, el sol se muestre en el centro de la parte inferior de la pantalla. Para conseguirlo, toma un bloque IR A X: 0, Y: -180 e introdúcelo debajo de AL PRESIONAR bandera verde.

Desde abajo, el sol tendrá que elevarse hasta la cima del Escenario o del cielo.

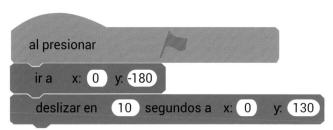

al presionar

ir a   x: 0   y: -180

deslizar en   10   segundos a   x: 0   y: 130

Arrastra un bloque DESLIZAR EN 10 SEGUNDOS y programa como posición de llegada X: 0, Y: 130. Esta posición hará que el sol se desplace hasta el centro de la parte superior del Escenario.

al presionar

por siempre

siguiente disfraz

esperar 0,5 segundos

Para que te resulte fácil, aquí abajo encontrarás el PROGRAMA completo del juego.

Toma un ciclo POR SIEMPRE y consigue que el sol continúe repitiendo los dos comandos SIGUIENTE DISFRAZ y ESPERAR 0,5 SEGUNDOS.

DISFRACES

Los disfraces de los Objetos son sus cambios de apariencia. Aunque cambie de aspecto, un Objeto siempre mantiene en esencia su identidad. Igual que tú eres siempre el mismo aunque te cambies de ropa. Los disfraces son todas las apariencias con las que un Objeto puede presentarse en la escena del juego. Lo mejor de todo es que, al trabajar con el ordenador, no hay límites para la imaginación: un dinosaurio, bajo tus órdenes, podrá transformarse sin ningún problema en una manzana. Si quieres disfrutar plenamente de las potencialidades de Scratch deberás aprender a usar esta herramienta.

ANIMACIÓN:

Una animación es la ilusión, creada mediante diferentes técnicas, de que un Objeto se mueve de verdad sobre la pantalla.

El método que utilizarás para crear tus animaciones es el que se emplea en los dibujos animados no tridimensionales. Se trata de juntar unas cuantas imágenes, cada una de ellas ligeramente diferente a la anterior, y hacer que se deslicen con rapidez.

Para que te resulte fácil, aquí abajo encontrarás el PROGRAMA completo del juego para todos los Objetos.

al presionar

ir a   x: 0   y: -180

deslizar en   10   segundos a x: 0   y: 130

al presionar

por siempre

siguiente disfraz

esperar 0,5 segundos

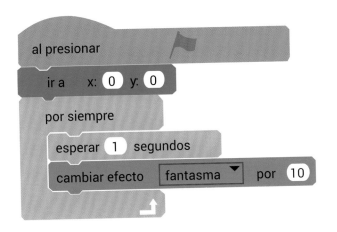

PROGRAMAS

En inglés se denominan *script*, término que se emplea para aludir al guion de un actor.
Un programa es una secuencia de instrucciones destinadas a ser obedecidas por los ordenadores. Imagina que cada personaje que introduces en Scratch es un actor de tu juego y tiene un papel que representar.

Cada Programa, como por ejemplo el de la imagen superior, comienza con un Evento, como AL PRESIONAR la bandera verde, y se detiene con la última instrucción dada o cuando se hace clic en el semáforo rojo.

2.

NIVEL

"¡CÁLLATE Y NADA!"

"¡CÁLLATE Y NADA!"

Dale vida a tu acuario, repleto de coloreadísimos peces.

NIVEL:

EL JUEGO

¡Deja que tus peces naden libremente entre las burbujas!

Puedes elegir entre una gran variedad de especies para personalizar tu acuario...

COSAS NUEVAS QUE APRENDERÁS:

- Clonar los Objetos
- Utilizar el azar

Materiales

¡Todos estos
son los
disfraces de
un único
Objeto!

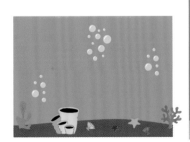

Fondos

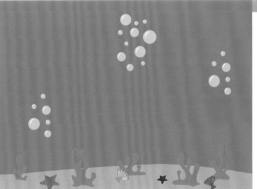

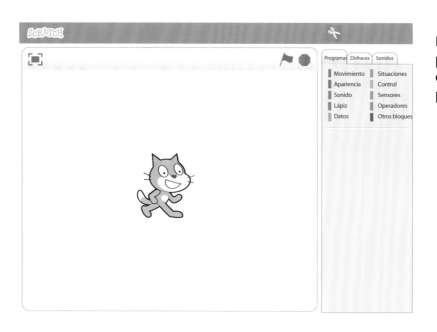

Prepara Scratch para trabajar en un nuevo proyecto.

Abre Scratch, borra el gato y ponle un nombre al nuevo proyecto, haciendo clic en ARCHIVO > GUARDAR COMO. Después, elige los Objetos y los fondos que necesitas para el nuevo juego.

¿Quién dice que el interior de un acuario es siempre silencioso?

Añade a la animación el sonido de unas burbujas que borbotean para crear la atmósfera adecuada.

Selecciona la pestaña Sonidos y haz clic en el símbolo que permite escoger un sonido de la biblioteca de Scratch.

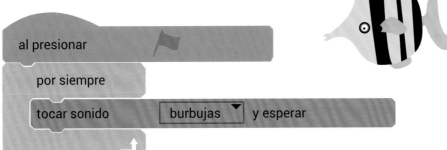

Toma un bloque TOCAR SONIDO BURBUJAS Y ESPERAR e insértalo dentro de un ciclo POR SIEMPRE. Haz que comience AL PRESIONAR la banderita verde. De esta forma, el programa reproducirá el sonido desde el principio del juego, y lo mantendrá hasta el final de la partida.

Tu pez es un único Objeto, pero tiene diferentes disfraces. Debes conseguir que el Objeto no se vea nunca, sino que solo se vean sus clones, es decir, sus copias.

En primer lugar, ordena al Objeto que se esconda al empezar la animación. Después, haz que elija al azar uno de sus disfraces: inserta un operador NÚMERO AL AZAR dentro del bloque CAMBIAR DISFRAZ A.

Por último, añade un bloque CREAR CLON DE MÍ MISMO.
Si intentas hacer clic en la banderita verde, todavía no sucederá nada: por ahora hemos creado un único clon del pez y aún no se ha mostrado.

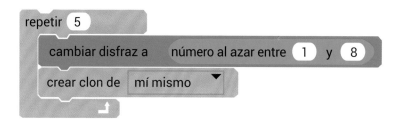

¿Cuántos peces quieres? ¡Puedes clonar el Objeto más de una vez!

Ordena que los bloques CAMBIAR DISFRAZ A y CREAR CLON DE MÍ MISMO se repitan e introdúcelos en un ciclo REPETIR 5 veces.
Así, el programa seguirá el ciclo cinco veces y creará cinco peces: primero elegirá un disfraz al azar entre los del Objeto, luego generará un clon con el disfraz elegido, y por último, volverá a empezar todo el proceso desde el principio.

CLONES

Scratch te ofrece la posibilidad de clonar los Objetos, es decir, duplicarlos.
Los bloques principales para el manejo de los clones son 3:

1. CREAR CLON DE...: crea un clon del Objeto seleccionado.
2. AL COMENZAR COMO CLON: este es un auténtico Evento de partida. Coloca debajo de este bloque todas las acciones que el clon deberá realizar en cuanto sea creado.
3. BORRAR ESTE CLON: es importante eliminar los clones cuando ya no sirven. Scratch puede manejar un máximo de aproximadamente 300 clones: superado este número, deja de producirlos para que el programa no "pese" demasiado.

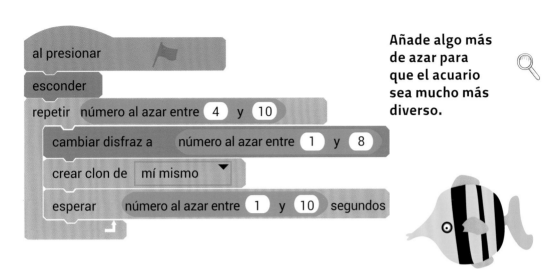

Añade algo más de azar para que el acuario sea mucho más diverso.

Toma un operador NÚMERO AL AZAR e insértalo en el lugar del 5 en el ciclo REPETIR 5 veces. De este modo, la cantidad de peces de tu acuario siempre será distinta.

A continuación de la instrucción CREAR CLON DE MÍ MISMO, añade un bloque ESPERAR... SEGUNDOS para conseguir que los peces surjan de forma espaciada y paulatina.

En vez de indicar un número exacto de segundos, añade otro NÚMERO AL AZAR para que este intervalo sea aleatorio.

CASUALIDAD

Di el primer número que se te pase por la cabeza. Uno cualquiera, ¡al azar! Es fácil, ¿verdad? Pues para un ordenador es tan difícil que resulta prácticamente imposible. De hecho, las máquinas solo hacen lo que se les ordena. Decir "escoge un número al azar" significa, en la práctica, "decide tú", ¡y un ordenador no puede decidir! Pero entonces, ¿por qué muchos de los juegos que creamos a lo largo del libro contienen el bloque "número al azar"?

Aunque el bloque se denomina "número al azar", el número que se elige no es completamente casual. Se trata, en efecto, del resultado de operaciones muy complejas que tratan de simular de la mejor manera posible la casualidad.

Movimiento de los peces

¡Ha llegado el momento de hacer aparecer a los peces clonados!

al comenzar como clon

ir a   x: 240   y: número al azar entre 180 y -180

apuntar en dirección   -90

mostrar

Arrastra un bloque AL COMENZAR COMO CLON. Debajo de este evento de partida colocaremos, en orden, todo lo que el clon deberá hacer después de haber aparecido.

En primer lugar tendrá que posicionarse a la derecha del Escenario, donde la X es 240, en un punto al azar entre la parte superior (Y: 180) y la parte inferior (Y: -180).
Justo después, deberá apuntar hacia la izquierda (-90) y mostrarse.

DIRECCIÓN

El bloque APUNTAR EN DIRECCIÓN... hace girar el Escenario en la dirección seleccionada. Haciendo clic en el triángulo negro del bloque puedes elegir una dirección: arriba (0), abajo (180), derecha (90) e izquierda (-90), ¡y también puedes teclear un número!
Para conseguir que un Objeto se dirija a la derecha, deberás escoger un número entre 1 y 179, como indica la flecha roja. Y viceversa: para hacer que un Objeto apunte a la izquierda, deberás usar un número negativo (con el signo menos delante) comprendido entre -179 y -1, como muestra la flecha azul.

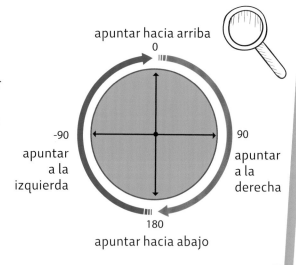

apuntar hacia arriba
0

-90
apuntar
a la
izquierda

90
apuntar
a la
derecha

180
apuntar hacia abajo

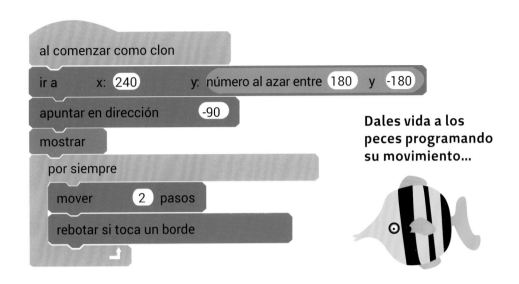

al comenzar como clon

ir a   x: 240   y: número al azar entre 180 y -180

apuntar en dirección   -90

mostrar

por siempre

mover   2 pasos

rebotar si toca un borde

Dales vida a los peces programando su movimiento...

Añade a un ciclo POR SIEMPRE los bloques MOVER 2 PASOS y REBOTAR SI TOCA UN BORDE.
De este modo, el clon continuará moviéndose hasta que entre en contacto con el borde del acuario. Cuando esto ocurra, volverá atrás y se moverá en dirección contraria.

¡INTÉNTALO!

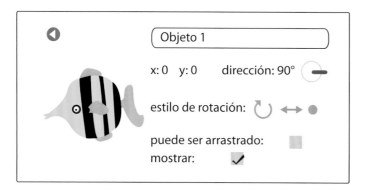

Si ahora pruebas a hacer que los peces naden, observarás que se desplazan cabeza abajo: ¡hay que resolver este problema!

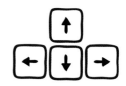

Para que el Objeto no vuelque, cambia su estilo de rotación.

Haz clic en la "i"  y selecciona el estilo

Scratch permite asignar a los Objetos tres estilos de rotación:

 Libre: el Objeto rota libremente en todas direcciones.

Derecha-izquierda: el Objeto solo gira hacia la derecha y hacia la izquierda.

Bloqueado: el Objeto no puede rotar.

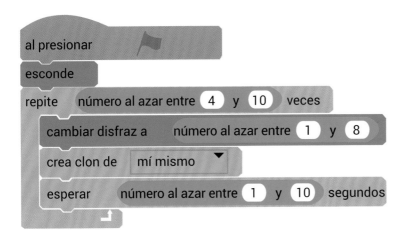

```
al presionar
esconde
repite    número al azar entre  4  y  10   veces
    cambiar disfraz a    número al azar entre  1  y  8
    crea clon de    mí mismo ▼
    esperar    número al azar entre  1  y  10   segundos
```

```
al comenzar como clon
ir a    x: 240        y: número al azar entre  180  y  -180
apuntar en dirección    -90
mostrar
    por siempre
        mover    2  pasos
        rebotar si toca un borde
```

```
al presionar
    por siempre
        tocar sonido    burbujas ▼   y esperar
```

DESAFÍO

BURBUJAS

¡Anima un poco la escena!

Prueba a darle un toque especial al acuario: añade burbujitas que partan de abajo y se dirijan hacia el centro del Escenario.

Una pista:

¡utiliza los clones!

3.

NIVEL

EL DRAGÓN MATEMÁTICO

3.

EL DRAGÓN MATEMÁTICO

Un dragón con una extraña pasión por los números bloquea el camino del castillo. Solo te dejará pasar si respondes correctamente a 3 preguntas de matemáticas.

NIVEL:

EL JUEGO

Para responder a las preguntas del dragón, teclea la respuesta y presiona la tecla ENVIAR del teclado.

????

OBJETOS

MATERIALES

FONDOS

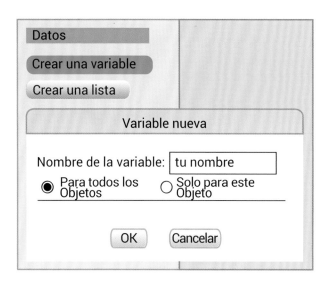

¡Consigue que el Dragón conozca el nombre del jugador!

En la categoría DATOS, haz clic en CREAR UNA VARIABLE.

A continuación, asígnale un nombre: como representará el nombre del jugador, la denominaremos "tu nombre".

Tu nombre solo interesa al Dragón y no a todo el juego; por tanto, programa la variable SOLO PARA ESTE OBJETO.

En cuanto hagas clic en OK, se crearán nuevos bloques de órdenes. ¡Veámoslas!

Una variable es una información a la que se le ha dado un nombre y que el ordenador debe memorizar.
Pongamos un ejemplo muy simple:

¿CUÁL ES TU EDAD?

Seguro que no has tenido ninguna dificultad para responder a esta pregunta. Esto sucede porque desde pequeño has memorizado una información (o variable) llamada "mi edad" que representa, bajo la forma de un número, los años transcurridos desde que naciste.

Una variable, como su nombre indica, puede variar: tu edad cambia cada vez que llega tu cumpleaños, pero sigue siendo siempre "tu edad".

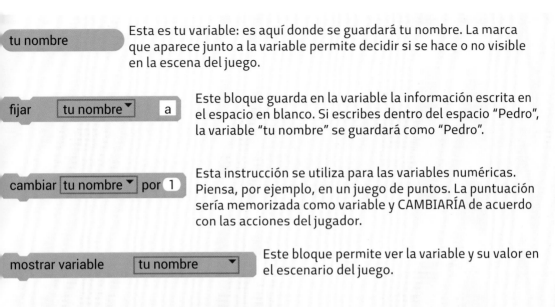

tu nombre

Esta es tu variable: es aquí donde se guardará tu nombre. La marca que aparece junto a la variable permite decidir si se hace o no visible en la escena del juego.

fijar **tu nombre ▼** a

Este bloque guarda en la variable la información escrita en el espacio en blanco. Si escribes dentro del espacio "Pedro", la variable "tu nombre" se guardará como "Pedro".

cambiar **tu nombre ▼** por **1**

Esta instrucción se utiliza para las variables numéricas. Piensa, por ejemplo, en un juego de puntos. La puntuación sería memorizada como variable y CAMBIARÍA de acuerdo con las acciones del jugador.

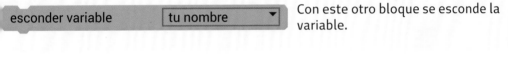

mostrar variable **tu nombre ▼**

Este bloque permite ver la variable y su valor en el escenario del juego.

esconder variable **tu nombre ▼**

Con este otro bloque se esconde la variable.

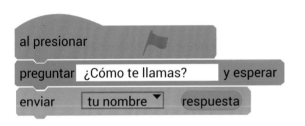

al presionar ⚑

preguntar ¿Cómo te llamas? y esperar

enviar **tu nombre ▼** respuesta

Elige un bloque PREGUNTAR de la categoría Sensores.

Este bloque muestra la pregunta que está escrita en el espacio en blanco del recuadro del Objeto, tras lo cual pone en pausa el programa hasta que el jugador teclee una respuesta y presione Enviar. Por último, guarda la respuesta en el bloque RESPUESTA.

Ahora toma un bloque ENVIAR "TU NOMBRE" e inserta el bloque RESPUESTA en el espacio en blanco. De este modo, en la variable "tu nombre" se grabará la respuesta pertinente, ¡y el dragón la recordará durante todo el juego!

EL DRAGÓN PARLANTE

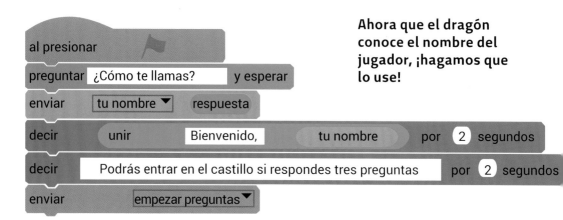

al presionar 🏴

preguntar ¿Cómo te llamas? **y esperar**

enviar tu nombre ▼ respuesta

decir unir Bienvenido, tu nombre **por** 2 **segundos**

decir Podrás entrar en el castillo si respondes tres preguntas **por** 2 **segundos**

enviar empezar preguntas ▼

Ahora que el dragón conoce el nombre del jugador, ¡hagamos que lo use!

Añade, debajo de ENVIAR "TU NOMBRE", dos bloques DECIR... POR 2 SEGUNDOS.

En el espacio en blanco del primero, introduce un Operador UNIR.

De este modo, en el bloque habrá espacio para la palabra "Bienvenido", pero también para la variable "tu nombre".

Dado que con el bloque anterior has guardado tu nombre dentro de la variable, ¡ahora el dragón podrá utilizarlo para saludarte!

En el segundo bloque DECIR escribe las reglas del juego. Por último, informa a todo el juego de que van a comenzar las preguntas enviando el mensaje "comienzo preguntas".

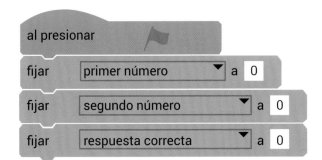

al presionar

fijar | primer número | a | 0

fijar | segundo número | a | 0

fijar | respuesta correcta | a | 0

Dentro de poco el dragón empezará a hacerte preguntas. En este caso, estarán relacionadas con las tablas de multiplicar.

Como las tablas de multiplicar son operaciones compuestas por dos números y como esos dos números tienen que ser siempre distintos entre una pregunta y otra, debes crear otras dos variables: "primer número" y "segundo número".

Estas dos variables conciernen solamente al Dragón, por eso prográmalas "Solo para este Objeto".

Además, el juego necesitará contar el número de respuestas correctas que da el jugador. Utiliza otra variable.
Esta vez, sin embargo, la variable se relacionará con el juego completo, así que prográmala "Para todos los Objetos".

Ahora consigue que, al comienzo del juego, las variables tengan un valor 0.

Esta operación, en informática, se denomina INICIALIZACIÓN.

INICIALIZACIÓN

Las variables deben ponerse a cero de manera automática cada vez que se hace clic en la bandera verde. En caso contrario, un jugador que comienza una nueva partida se encontraría con los puntos logrados en la anterior.
Es importante que el programador se acuerde de inicializar o ejecutar cada variable, es decir, de transmitir al ordenador el valor que debe tener al principio de cada partida.

¡Consigue que el dragón te pida que multipliques dos números siempre distintos!

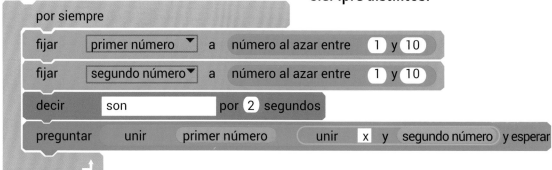

Introduce este programa bajo el último bloque
DECIR del dragón. Ten cuidado: debes insertar
dos operadores UNIR para disponer de espacio
suficiente.

El dragón, POR SIEMPRE, hará en este orden las
siguientes tareas:

1. Escogerá el primer número de la
   multiplicación, al azar entre 1 y 10.
2. Escogerá el segundo número de la
   multiplicación, también al azar, entre 1 y 10.
3. Dirá "son..." durante 2 segundos.
4. Preguntará el resultado de la multiplicación
   entre los dos números aleatorios y esperará
   una respuesta.

si 〈 respuesta = ▢ 〉 entonces

si no

¡El dragón tiene que saber si la respuesta que le damos es correcta o incorrecta!

Introduce este Programa bajo el último bloque PREGUNTAR... Y ESPERAR que has colocado.

Como ya hemos explicado, el bloque PREGUNTAR espera que el jugador presione la tecla ENVIAR, tras lo cual almacena en el interior del bloque RESPUESTA la solución matemática que el jugador ha facilitado.

Ahora el dragón tendrá que controlar si la respuesta es correcta o no. ¿Cómo? ¡Muy sencillo!
Toma un comando SI... ENTONCES... SI NO e inserta en el espacio contiguo al SI un Operador [... = ...]. Luego introduce el bloque RESPUESTA a la izquierda del signo igual.

SI... ENTONCES

El concepto SI... ENTONCES es uno de los más importantes en Scratch y en la programación en general. Piensa en la frase: si hace sol, entonces iré a la playa.
Las palabras "si" y "entonces" relacionan dos acontecimientos, de manera que si una condición (hace sol) es cierta, entonces sucederá necesariamente la consecuencia (iré a la playa).
En Scratch, la condición está integrada en el espacio hexagonal vacío del bloque, mientras que la consecuencia se encuentra en la parte interior del bloque.
SI... ENTONCES resulta útil cuando necesitamos saber qué hacer solo en el caso de que la condición sea cierta.

SI... ENTONCES... SI NO

¿Y si no hace sol?
Por ejemplo, podrías quedarte en casa.
SI... ENTONCES... SI NO se comporta exactamente igual que SI... ENTONCES, pero nos permite especificar qué hacer también en el caso de que la condición sea falsa.

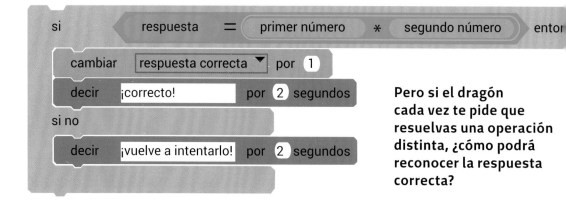

si   respuesta   =   primer número   *   segundo número   entor

cambiar   respuesta correcta ▼   por   1

decir   ¡correcto!   por   2   segundos

si no

decir   ¡vuelve a intentarlo!   por   2   segundos

Pero si el dragón cada vez te pide que resuelvas una operación distinta, ¿cómo podrá reconocer la respuesta correcta?

Toma un operador matemático [... * ...] e insértalo a la derecha del signo igual. Este bloque multiplica dos números igual que lo haría una calculadora.

Así pues, SI la respuesta es IGUAL al "primer número" multiplicado por el "segundo número", ENTONCES será correcta. SI NO, será errónea.

Ahora intenta que el dragón pronuncie una frase diferente en función de si la respuesta que el jugador ha dado es correcta o errónea.

No olvides que, cuando respondes correctamente, la variable respuesta correcta debe aumentar en un punto. Utiliza el bloque CAMBIAR RESPUESTA CORRECTA POR 1.

OPERADORES MATEMÁTICOS

El ordenador realiza cálculos muy complejos en poquísimo tiempo: ¡es un auténtico dragón de las matemáticas! Cuando crees nuevos programas, puedes introducir sin problemas cálculos que empleen las cuatro operaciones básicas.

Hay cuatro bloques de la categoría operadores que se denominan "operadores matemáticos".

Estos bloques realizan sumas, restas, multiplicaciones y divisiones y nos ofrecen el resultado en un abrir y cerrar de ojos. ¡Haz la prueba! Asigna a un Objeto las instrucciones que facilitamos aquí abajo.
¡Comprobarás que el personaje no dirá "2 + 2", sino directamente "4"!

OPERADORES DE COMPARACIÓN

Se encuentran en la categoría Operadores y se definen como "de comparación" porque comparan dos valores. Sirven para controlar si un número es mayor, menor o igual que otro.

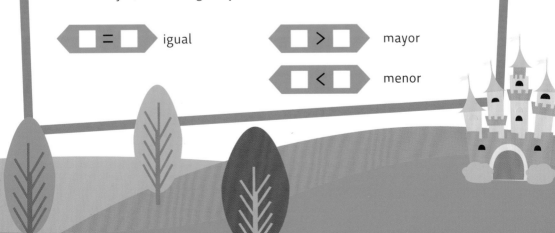

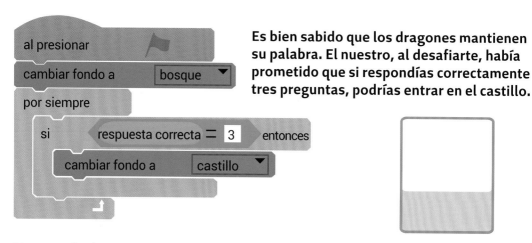

Es bien sabido que los dragones mantienen su palabra. El nuestro, al desafiarte, había prometido que si respondías correctamente tres preguntas, podrías entrar en el castillo.

Hay que dar las instrucciones oportunas al Escenario para que se ocupe de cambiar el fondo en el momento exacto.

Al comienzo del juego, el fondo representaba un bosque. Pero cuando el jugador haya acertado las tres respuestas, deberá cambiar para mostrar que hemos llegado al castillo.

En el interior de un POR SIEMPRE, controla con un bloque SI... ENTONCES si se han dado tres respuestas correctas. En caso afirmativo, haz que cambie el fondo.

¡Como decíamos, un dragón siempre mantiene sus promesas!

Cuando aparezca el fondo del castillo, el dragón te dará la bienvenida.

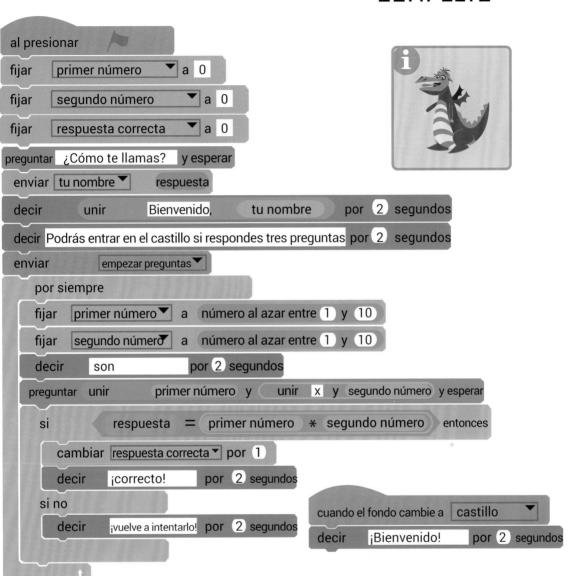

al presionar

fijar `primer número ▼` a `0`

fijar `segundo número ▼` a `0`

fijar `respuesta correcta ▼` a `0`

preguntar `¿Cómo te llamas?` y esperar

enviar `tu nombre ▼` respuesta

decir unir `Bienvenido,` `tu nombre` por `2` segundos

decir `Podrás entrar en el castillo si respondes tres preguntas` por `2` segundos

enviar `empezar preguntas ▼`

por siempre

    fijar `primer número ▼` a número al azar entre `1` y `10`

    fijar `segundo número ▼` a número al azar entre `1` y `10`

    decir `son` por `2` segundos

    preguntar unir `primer número` y unir `x` y `segundo número` y esperar

    si respuesta = (primer número * segundo número) entonces

        cambiar `respuesta correcta ▼` por `1`

        decir `¡correcto!` por `2` segundos

    si no

        decir `¡vuelve a intentarlo!` por `2` segundos

cuando el fondo cambie a `castillo ▼`

decir `¡Bienvenido!` por `2` segundos

al presionar

cambiar fondo a `bosque ▼`

por siempre

    si respuesta correcta = `3` entonces

        cambiar fondo a `castillo ▼`

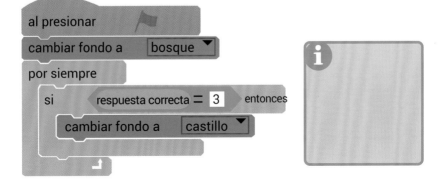

DESAFÍO

¿CUÁL ERA LA RESPUESTA CORRECTA?

Ahora, cuando el jugador proporciona una respuesta errónea, el dragón tan solo contesta "vuelve a intentarlo".

Intenta que el dragón diga también cuál es la respuesta correcta.

Una pista:

¡utiliza los operadores matemáticos!

4.

NIVEL

ENCUENTRA LA LLAVE

4.

ENCUENTRA LA LLAVE

¡Encuentra la llave escondida en cada habitación para poder abrir la puerta y huir!

NIVEL:

EL JUEGO

Existen muchas maneras de interactuar con los Objetos en pantalla: haz clic en la alfombra para desplazarla o da palmas para despertar al gato dormilón.

Cuando encuentres la llave, arrástrala con el ratón hasta la puerta y podrás salir de la habitación.

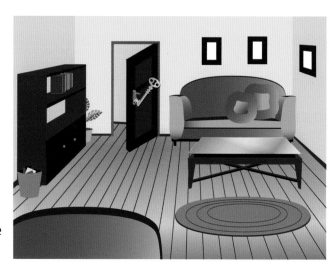

Cosas nuevas que aprenderás:

- Utilizar los mensajes
- Crear un juego con niveles
- Interactuar con los Objetos de nuevas maneras

Materiales

Objetos

Fondos

¡Has ganado!

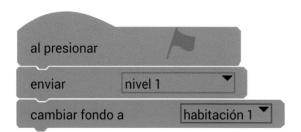

al presionar

enviar   nivel 1

cambiar fondo a   habitación 1

Al empezar el juego, todos los Objetos de la habitación deberán saber que ha arrancado el primer nivel.

Así podrán posicionarse en el punto adecuado (si forman parte del primer nivel), o esconderse (si forman parte del segundo).

Pero, ¿cómo se informa a todos los objetos, en el mismo momento, de que ha comenzado el primer nivel?

Muy sencillo: ¡se manda un mensaje!
En la categoría Eventos, encontrarás el bloque ENVIAR nuevo mensaje.
Asigna al nuevo mensaje un nombre coherente con lo que tenga que comunicar, por ejemplo, "Nivel 1".

Tras haber enviado el mensaje, el Escenario debe CAMBIAR FONDO A HABITACIÓN 1.

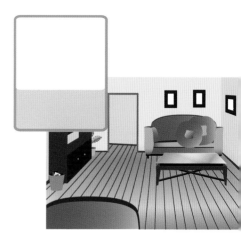

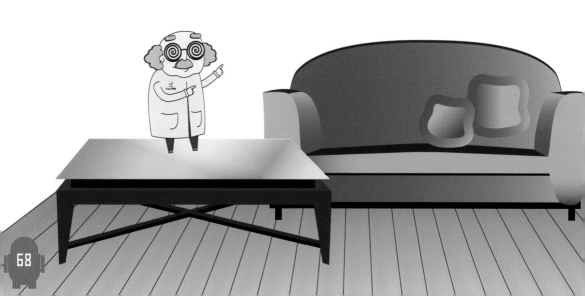

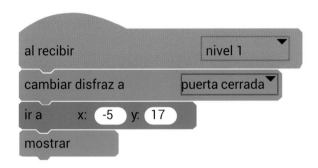

Al comenzar el primer nivel la puerta estará cerrada.

Cuando el Objeto "puerta" RECIBE el mensaje NIVEL 1, debe CAMBIAR DISFRAZ A PUERTA CERRADA inmediatamente.

Luego tendrá que posicionarse, con el bloque IR A X, Y, en el punto en el que hayas decidido ponerlo para este nivel, y, por último, MOSTRARSE.

MENSAJES

El Escenario y los Objetos pueden comunicarse entre ellos utilizando los mensajes.

Para enviar un mensaje a los objetos usaremos el bloque ENVIAR. El mensaje también puede utilizarse como condición de partida de otro programa por medio del bloque AL RECIBIR.

Para generar un mensaje, basta abrir el menú desplegable del bloque ENVIAR y escoger la opción NUEVO MENSAJE. Antes de enviarlo, debes darle nombre: lo ideal sería ponerle uno coherente con lo que el mensaje quiere comunicar. No te preocupes demasiado por este nombre, porque, en realidad, el jugador no lo verá nunca; solo os sirve a ti y al programa para manejar una situación en el interior del juego.

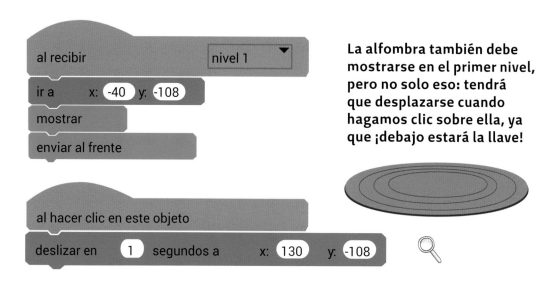

La alfombra también debe mostrarse en el primer nivel, pero no solo eso: tendrá que desplazarse cuando hagamos clic sobre ella, ya que ¡debajo estará la llave!

Posiciona la alfombra en el punto de la habitación que prefieras. Después, toma un bloque IR A X, Y y colócalo debajo de un Evento AL RECIBIR NIVEL 1. De esta forma, las coordenadas X e Y serán las correctas y la alfombra deberá MOSTRARSE necesariamente.

Recuerda que este Objeto tendrá que ocultar la llave, así que es importante que esté posicionado encima de ella.
¿Te acuerdas? Como decíamos en la página 25, los Objetos son como hojas de papel una encima de otra o todas en el mismo plano. Por tanto, para conseguir que la alfombra tape la llave, debes colocar la alfombra en primer plano con la instrucción ENVIAR AL FRENTE, así la llave no podrá estar nunca encima de ella.

Finalmente, cuando el jugador haga clic en la alfombra, esta tendrá que deslizarse hacia la izquierda y dejar la llave al descubierto. Desplaza el Objeto hasta el punto que deberá alcanzar al moverse y después toma un bloque DESLIZAR. También en este caso las coordenadas X e Y serán ya las precisas.

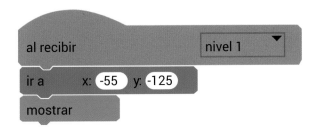

En el primer nivel, también se mostrará la llave en la posición indicada.

al recibir · nivel 1

ir a · x: -55 · y: -125

mostrar

Sí, la llave tiene que mostrarse, pero no hay peligro: ¡nadie la verá hasta que se deslice la alfombra!

Escoge una posición que coincida con el área de la alfombra, fíjala con el bloque IR A X, Y y luego haz aparecer el Objeto con el bloque MOSTRAR.

COORDENADAS

Cada punto del Escenario está indicado con dos números, las "coordenadas", que se denominan X e Y. La X indica la posición sobre una línea horizontal; la Y sobre una vertical. Las dos líneas se entrecruzan en el centro de la pantalla en el punto denominado X: 0, Y: 0.

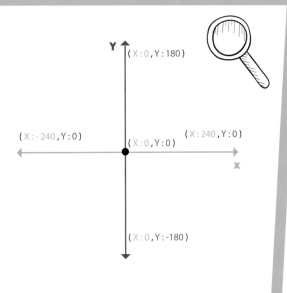

En general, las coordenadas negativas (con el signo menos delante) se encuentran abajo o a la izquierda, y las positivas arriba o a la derecha. En Scratch, las coordenadas que corresponden al puntero del ratón se muestran en la parte inferior derecha del Escenario, mientras que las coordenadas actuales de un Objeto pueden comprobarse en la parte superior derecha de la pantalla. Cada vez que posicionas un Objeto, las coordenadas de los bloques IR A X, Y y DESLIZAR cambian automáticamente en el área de bloques de Movimiento.

al hacer clic en este objeto

apuntar hacia   puntero del ratón ▼

El jugador deberá coger la llave, arrastrarla hasta la puerta y dejarla allí.

Hasta ahora, siempre has utilizado el ratón para desplazar los Objetos de un punto a otro del Escenario, pero si pones Scratch en modo juego no podrás hacerlo a menos que el Objeto (la llave) haya sido programado para ser arrastrado.

¿Recuerdas qué es el modo juego? Si no te acuerdas, vuelve a la página 12 de la introducción.

AL HACER CLIC sobre la llave, esta debe seguir el puntero del ratón. Para conseguirlo, utiliza el bloque APUNTAR HACIA PUNTERO DEL RATÓN.

SI PONES SCRATCH EN MODO JUEGO Y TRATAS DE ARRASTRAR LA LLAVE, VERÁS QUE TODAVÍA NO FUNCIONA COMO DEBERÍA. ¡AHORA TE LO EXPLICO!

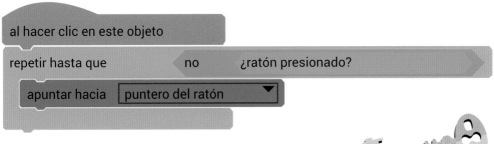

¡Atención!
La llave debe seguir el movimiento del puntero mientras mantenemos presionado el botón del ratón. Por el contrario, al soltar el botón debería permanecer inmóvil.

Para programar este movimiento, toma un ciclo REPETIR HASTA QUE, coloca en el espacio reservado a la condición un Operador NO y, dentro de este, un sensor ¿RATÓN PRESIONADO?

Tal vez te quedará más claro si lo lees de este modo:
Desde QUE SE HACE CLIC EN ESTE OBJETO, APUNTAR HACIA EL PUNTERO DEL RATÓN HASTA QUE el RATÓN ya no esté PRESIONADO.

ARRASTRAR Y SOLTAR *(DRAG AND DROP)*

A menudo, en los juegos o en las aplicaciones, es necesario arrastrar un elemento con el ratón o con el dedo para dejarlo caer en otro punto.
Esta función se denomina "Drag and Drop", que significa "arrastrar y soltar".
En realidad, como ya habrás descubierto al programarlo, este movimiento se compone de 3 momentos:
1. Hay que hacer clic sobre el elemento.
2. El elemento debe seguir al ratón mientras esté presionado.
3. El elemento debe parar de seguirlo cuando el botón del ratón deja de estar presionado.

En las informaciones de cada Objeto, Scratch pone a disposición la opción "Puede ser arrastrado". Al activar esta opción, los Objetos se convierten en "arrastrables" también en el modo juego.
¡Pero no siempre es suficiente esta función para tener un *Drag and Drop* como es debido!

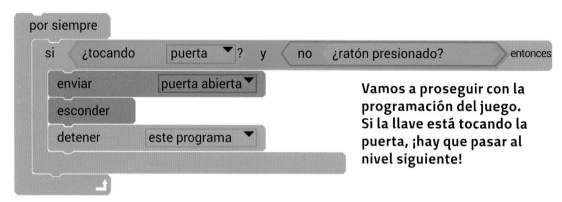

Vamos a proseguir con la programación del juego. Si la llave está tocando la puerta, ¡hay que pasar al nivel siguiente!

En el interior de un ciclo POR SIEMPRE, revisa SI la llave está ¿TOCANDO PUERTA? cuando el ratón la suelta (NO ¿RATÓN PRESIONADO?).
Si esto ocurre, ENTONCES la llave enviará el mensaje PUERTA ABIERTA y se esconderá.
Recuerda detener este Programa inmediatamente después de haber hecho que la llave se esconda. Esta acción es necesaria porque estamos en el interior de un bloque POR SIEMPRE y, si no lo bloqueamos, la llave continuará enviando el mensaje PUERTA ABIERTA y todos los Objetos se comportarán en consecuencia.

LA PUERTA
ABIERTA

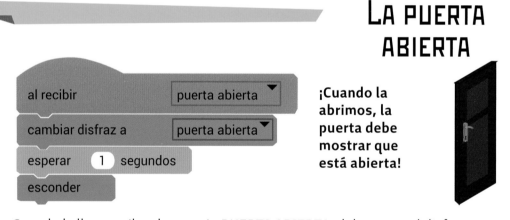

¡Cuando la abrimos, la puerta debe mostrar que está abierta!

Cuando la llave recibe el mensaje PUERTA ABIERTA, debe pasar al disfraz PUERTA ABIERTA.
Luego, transcurrido 1 segundo, podrá esconderse, puesto que el primer nivel habrá terminado.

¿Por qué es necesario que espere 1 segundo antes de esconderse? El ordenador ejecuta las instrucciones con gran rapidez: si ordenáramos al Objeto que cambiase de disfraz y que se escondiera inmediatamente después, nuestro ojo no llegaría a percibir el cambio de apariencia: solo vería que el objeto desaparece.

Ha llegado el momento de llevar la cuenta de los niveles: en función del número de veces que se abra la puerta, estaremos en un nivel o en otro.

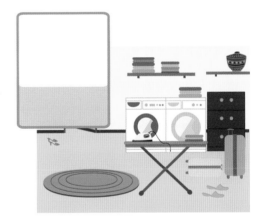

Así pues, crea una variable NIVEL y fíjala a 1 cuando el Escenario reciba el mensaje NIVEL 1.

Ahora, cada vez que la puerta se abra, el nivel deberá sumar un punto.

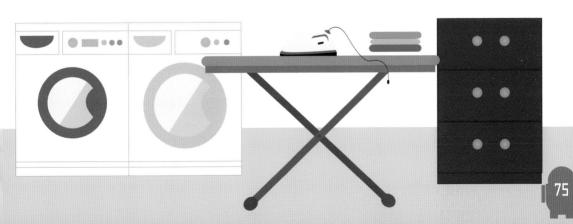

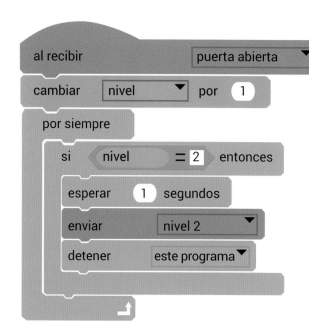

al recibir   puerta abierta ▼

cambiar   nivel ▼   por   1

por siempre

     si   nivel   = 2   entonces

         esperar   1   segundos

         enviar   nivel 2 ▼

         detener   este programa ▼

Tras cambiar de nivel, el Escenario debe modificarse.
Para que empiece el nivel 2, tendrá que enviar el mensaje NIVEL 2.

Comprueba, en un ciclo POR SIEMPRE, SI el NIVEL es IGUAL A 2. Si lo es, pasado 1 segundo (que la puerta necesita para cambiar el disfraz de "cerrada" a "abierta"), ENVÍA el nuevo mensaje "Nivel 2".
Por último, deberás DETENER ESTE PROGRAMA.

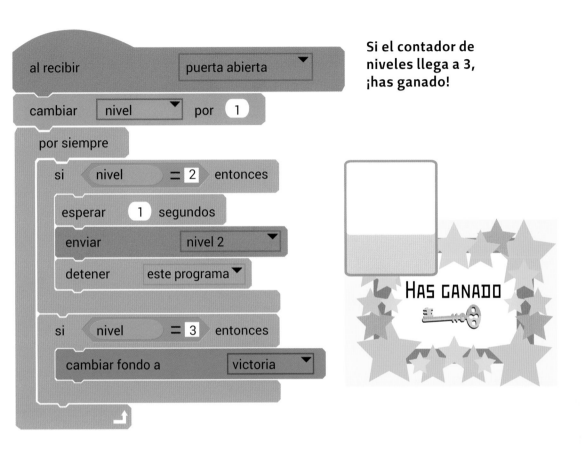

Si el contador de niveles llega a 3, ¡has ganado!

al recibir   puerta abierta ▼

cambiar   nivel ▼   por   1

por siempre

  si   nivel   = 2   entonces

    esperar   1   segundos

    enviar   nivel 2 ▼

    detener   este programa ▼

  si   nivel   = 3   entonces

    cambiar fondo a   victoria ▼

HAS GANADO

En el mismo ciclo POR SIEMPRE, controla si el contador de niveles marca 3. Si es así, CAMBIA FONDO A VICTORIA.

¡Espera! ¡Todavía no has ganado! ¡Sigue programando!

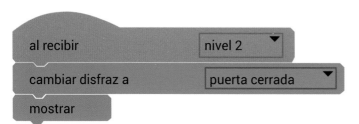

al recibir   nivel 2

cambiar disfraz a   puerta cerrada

mostrar

Cuando se inicia el segundo nivel, la puerta, que antes se había abierto y escondido, ¡debe cerrarse y esconderse!

Si en la segunda habitación quieres colocar la puerta en lugar distinto, introduce un bloque IR A X, Y con las nuevas coordenadas del Objeto (entre CAMBIAR DISFRAZ A y MOSTRAR).

Segundo nivel: LA LLAVE

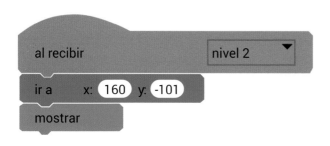

al recibir   nivel 2

ir a   x: 160   y: -101

mostrar

La llave, cuando recibe el mensaje de inicio del segundo nivel, deberá dirigirse a su nueva posición y mostrarse.

Segundo nivel: el gato dormilón

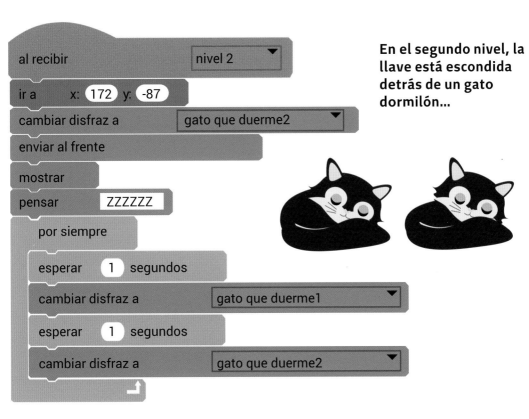

En el segundo nivel, la llave está escondida detrás de un gato dormilón...

```
al recibir                    nivel 2 ▼

ir a      x: 172  y: -87

cambiar disfraz a        gato que duerme2 ▼

enviar al frente

mostrar

pensar        ZZZZZZ

  por siempre

    esperar    1  segundos

    cambiar disfraz a      gato que duerme1 ▼

    esperar    1  segundos

    cambiar disfraz a      gato que duerme2 ▼
```

En la escena del segundo nivel, coloca el gato donde tú quieras y bloquea su posición poniendo la instrucción IR A X, Y bajo el Evento AL RECIBIR NIVEL 2. Inmediatamente después, programa el primer disfraz que debe tener el gato.

Toma un bloque ENVIAR AL FRENTE, porque también el gato, como antes la alfombra, debe cubrir el Objeto llave. Después de esto, añade un bloque MOSTRAR.

Para que se comprenda mejor que el gato está durmiendo, agrega un bloque PENSAR "ZZZZZZ". Luego, construye la animación del gato tratando de simular que respira mientras duerme: el gato debe pasar POR SIEMPRE de un disfraz a otro cada vez que transcurre un segundo.

SEGUNDO NIVEL: ¡DESPIERTA AL GATO!

Para conseguir la llave, debemos despertar al gato haciendo algún ruido fuerte. Lo conseguiremos con la ayuda del micrófono de nuestro ordenador.

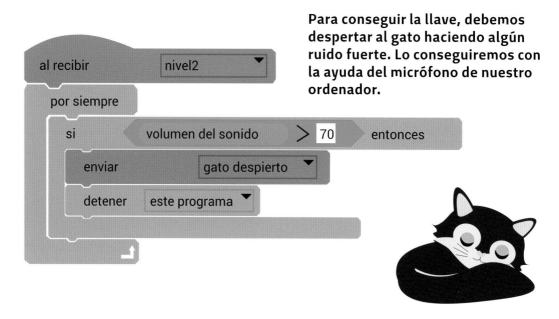

al recibir **nivel2**

por siempre

si **volumen del sonido** > **70** entonces

enviar **gato despierto**

detener **este programa**

Scratch te permite utilizar el micrófono: desde que recibes el mensaje NIVEL 2, el gato debe controlar, POR SIEMPRE, si el volumen del sonido supera un umbral (en este caso 70, aunque puedes cambiarlo).
SI eso sucede, ENTONCES enviará el mensaje GATO DESPIERTO y detendrá el Programa.

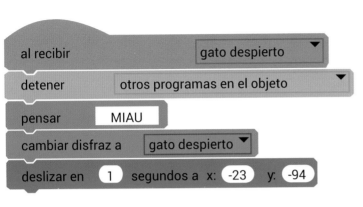

El gato, al despertar, debe levantarse para que podamos coger la llave.

al recibir | gato despierto ▼

detener | otros programas en el objeto ▼

pensar | MIAU

cambiar disfraz a | gato despierto ▼

deslizar en | 1 | segundos a x: -23 y: -94

Lo primero que debe hacer el Objeto, al recibir el mensaje GATO DESPIERTO, es detener el resto de programas. De este modo, la animación del gato dormido se detendrá.

Ahora el gato puede pensar "Miau" y pasar al disfraz GATO DESPIERTO. Después se desplazará hasta una nueva posición, dejando las llaves al descubierto.

¡INTRUSOS!

Hay dos Objetos que deben estar presentes en uno de los niveles, pero no en el otro. ¿Cómo lograrlo?

al recibir | nivel2 ▼

esconder

al recibir | nivel1 ▼

esconder

¡VICTORIA!

cuando el fondo cambie a | victoria ▼

esconder

detener | otros programas en el objeto ▼

Cuando ganamos, ¡todos los objetos tienen que esconderse!

Introduce este Programa en todos tus Objetos. Todos ellos, CUANDO EL FONDO CAMBIE A VICTORIA, deben esconderse y DETENER los programas que contienen.

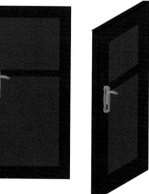

al recibir **puerta abierta**

cambiar **nivel** por **1**

por siempre

  si **nivel** = **2** entonces

    esperar **1** segundos

    enviar **nivel 2**

    detener **este programa**

  si **nivel** = **3** entonces

    cambiar fondo a **victoria**

---

cuando el fondo cambie a **victoria**

detener **otros programas en el objeto**

---

al recibir **nivel2**

cambiar fondo a **habitación2**

---

al recibir **nivel1**

fijar **nivel** a **1**

---

al presionar 🏳

enviar **nivel1**

cambiar fondo a **habitación1**

---

al recibir **nivel1**

cambiar disfraz a **puerta cerrada**

ir a x: **-5** y: **17**

mostrar

---

al recibir **nivel2**

cambiar disfraz a **puerta cerrada**

mostrar

---

al recibir **puerta abierta**

cambiar disfraz a **puerta abierta**

esperar **1** segundos

esconder

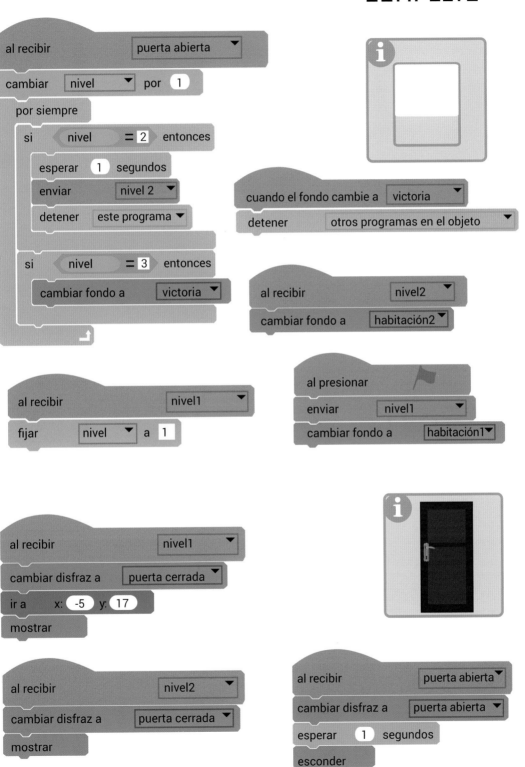

83

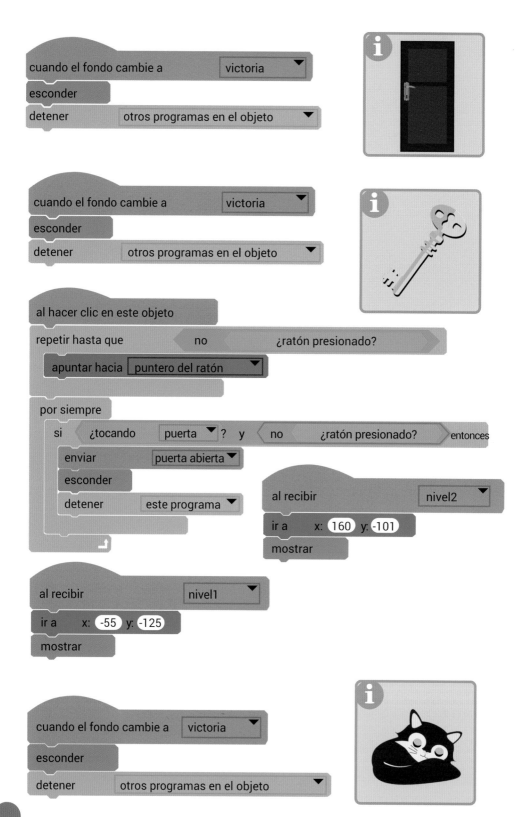

cuando el fondo cambie a   victoria ▼

esconder

detener   otros programas en el objeto ▼

---

cuando el fondo cambie a   victoria ▼

esconder

detener   otros programas en el objeto ▼

---

al hacer clic en este objeto

repetir hasta que   no   ¿ratón presionado?

apuntar hacia   puntero del ratón ▼

por siempre

si   ¿tocando   puerta ▼ ?   y   no   ¿ratón presionado?   entonces

enviar   puerta abierta ▼

esconder

detener   este programa ▼

---

al recibir   nivel2 ▼

ir a   x: 160   y: -101

mostrar

---

al recibir   nivel1 ▼

ir a   x: -55   y: -125

mostrar

---

cuando el fondo cambie a   victoria ▼

esconder

detener   otros programas en el objeto ▼

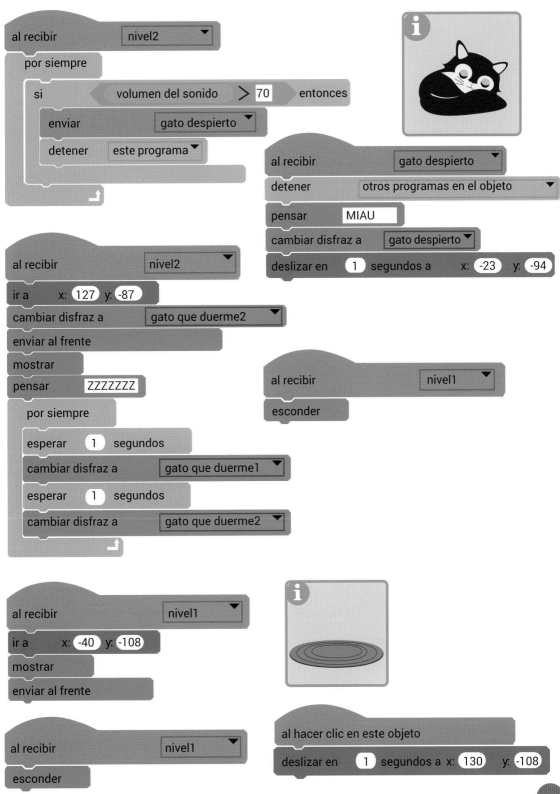

al recibir `nivel2`
por siempre
  si `volumen del sonido` > `70` entonces
    enviar `gato despierto`
    detener `este programa`

al recibir `gato despierto`
detener `otros programas en el objeto`
pensar `MIAU`
cambiar disfraz a `gato despierto`
deslizar en `1` segundos a x: `-23` y: `-94`

al recibir `nivel2`
ir a x: `127` y: `-87`
cambiar disfraz a `gato que duerme2`
enviar al frente
mostrar
pensar `ZZZZZZZ`
por siempre
  esperar `1` segundos
  cambiar disfraz a `gato que duerme1`
  esperar `1` segundos
  cambiar disfraz a `gato que duerme2`

al recibir `nivel1`
esconder

al recibir `nivel1`
ir a x: `-40` y: `-108`
mostrar
enviar al frente

al recibir `nivel1`
esconder

al hacer clic en este objeto
deslizar en `1` segundos a x: `130` y: `-108`

DESAFÍO

AÑADE UNA INTRODUCCIÓN

Consigue que el juego no comience inmediatamente con el primer nivel sino con una pantalla de introducción.

Intenta crear un fondo en el que figure escrito el título de tu juego o sus reglas.

Una pista:

¡atención! ¡Cuando este nuevo fondo aparezca en pantalla, ningún Objeto deberá hallarse en la escena!

5.

NIVEL

LA SIBILA

5.

LA SIBILA

Las sibilas eran unas sacerdotisas de la antigüedad que tenían la capacidad de predecir el futuro de quien acudía a visitarlas. En este juego tenemos a una sibila dispuesta a revelar tu futuro y el de cualquier otra persona. Más o menos...

NIVEL:

EL JUEGO

Decide si quieres recibir una profecía sobre tu futuro o sobre el de otra persona.

La sibila lanzará las hojas y, mezclando fragmentos de frases creadas por ti, leerá su predicción.

EL FUTURO DE UN AMIGO

MI FUTURO

Cosas nuevas que aprenderás:

- Utilizar las listas
- Crear botones en pantalla
- Crear nuevos bloques

Objetos

Materiales

EL FUTURO DE UN AMIGO

MI FUTURO

Fondos

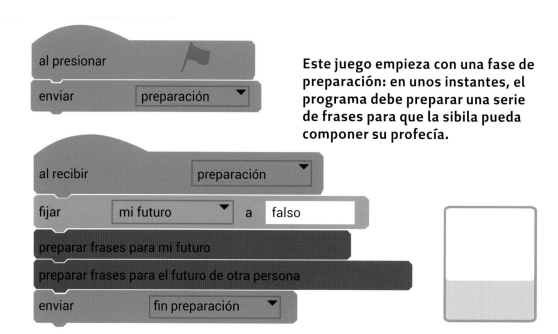

Este juego empieza con una fase de preparación: en unos instantes, el programa debe preparar una serie de frases para que la sibila pueda componer su profecía.

Crea el Evento "preparación" mediante un mensaje que será enviado cuando el jugador haga clic en la banderita verde.

Después, crea una variable llamada MI FUTURO y asígnale, de antemano, un valor "falso". Más adelante, cuando preguntes a la sibila sobre tu futuro, lo convertirás en "verdadero".

Ahora haz clic en la categoría Más Bloques. Presiona la tecla "crea un bloque" y denomínalo "Preparar frases para mi futuro". A continuación, genera un segundo bloque y llámalo "Preparar frases para el futuro de otra persona".

Por último, introduce en el programa ENVIAR el mensaje FIN PREPARACIÓN.

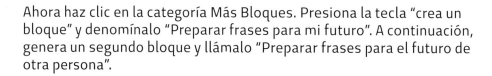

MÁS BLOQUES

La categoría Más Bloques en principio está vacía, pero te permite crear bloques personalizados.

Para hacerlo, haz clic en CREAR UN BLOQUE, asígnale un nombre y presiona OK.

En este punto del proceso, Scratch necesita conocer el significado del bloque que has creado: por esta razón establecerá un bloque con sombrero y te permitirá definirlo a tu manera. Si introduces nuevas instrucciones debajo del bloque, podrás decidir los efectos del nuevo comando que has creado.

¡Pero, cuidado! Los bloques que creas solo están disponibles para el Objeto para el cual han sido diseñados: no puedes utilizarlos con otro Objeto, a menos que los definas también para ellos.

¿Para qué sirve crear nuevos bloques?

Podrías querer que un Objeto cumpla varias veces una secuencia de acciones; por ejemplo, aparecer, deslizarse hasta un punto y esconderse. En lugar de describir cada vez la secuencia bloque por bloque, puedes darle un nombre y reutilizarla cuando lo desees utilizando el nuevo comando.

Ahora define los bloques que acabas de crear.
La sibila elaborará sus profecías uniendo un "qué" y un "cómo", por ejemplo:
qué = te atarás los zapatos
cómo = a la pata coja

Para conseguir este efecto, deberás recurrir al uso de LISTAS. Entenderás mejor cómo funcionan estas listas si imaginas que la adivina elige los "qué" de un vaso y los "cómo" de otro: estos dos vasos serán tus dos listas.

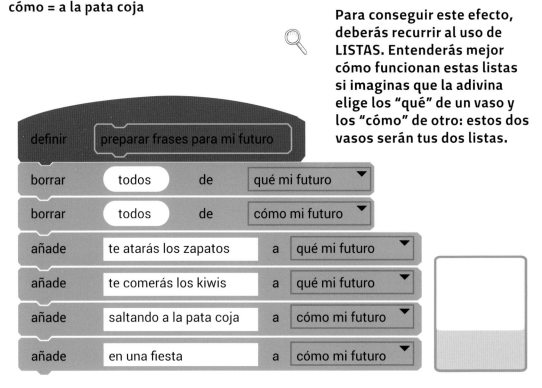

Haz clic en Datos y crea dos listas. La primera de ellas contendrá los "qué" para tu futuro; en la segunda se registrarán los "cómo", también sobre tu futuro. Quita la marca que aparece junto al nombre de la lista, como has hecho anteriormente con las variables.

Después, asegúrate de que las listas de los "qué" y de los "cómo" se vacían cada vez que comienza el juego. Para conseguirlo, utiliza el bloque BORRAR TODOS DE y úsalo para ambas listas. Finalmente, añade las frases que quieres introducir en cada una de las listas. Recuerda poner un espacio al comienzo y otro al final del texto.

LISTAS

En programación, las listas son contenedores de datos que tienen algo en común.
Una lista que se acaba de crear está vacía.
Puedes añadir o quitar elementos de una lista cuando quieras, y puedes utilizarlos todos o solo algunos.
En Scratch es posible crear listas de letras, palabras, frases o números.

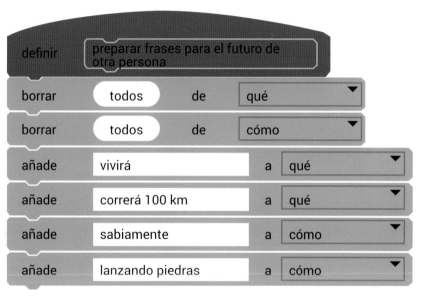

Prepara también frases para el futuro de otra persona.

Crea otras dos listas, una para los "qué" y otra para los "cómo". También en este caso escoge las frases que quieras: ¡puedes escribir tantas como te apetezca!
Cuantas más sentencias añadas, más variadas serán las profecías.
Recuerda que para vaticinar tu futuro la sibila debe dirigirse directamente a ti (por ejemplo: "vivirás"). Esta vez, sin embargo, deberás utilizar la tercera persona (por ejemplo: "vivirá"), ya que la pitonisa se dirige a otra persona.

Dos profecías

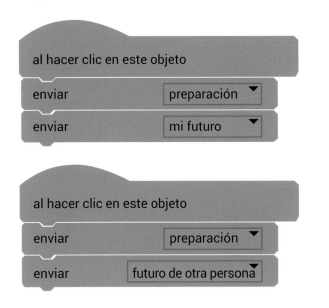

Cuando consultemos a la sibila, ella querrá saber si la profecía es para el jugador o para otra persona.

Ambos botones, al ser presionados, activarán el mensaje de preparación de la profecía.

Previamente, habrán enviado otro mensaje para que la sibila pueda saber si la profecía se referirá al jugador o a otra persona.
De esta manera, cada vez que hagas clic en uno de los botones, el juego partirá de cero.

La sibila

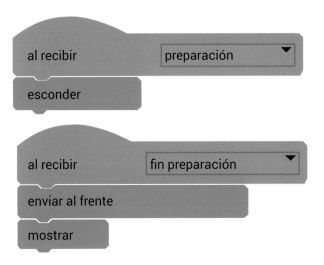

Consigue que la sibila aparezca solo cuando la preparación se haya completado.

Cuando el Objeto sibila reciba el mensaje PREPARACIÓN, deberá ESCONDERSE.
En cuanto reciba el mensaje FIN PREPARACIÓN, debe ponerse en primer plano y, por fin, MOSTRARSE.

TU FUTURO

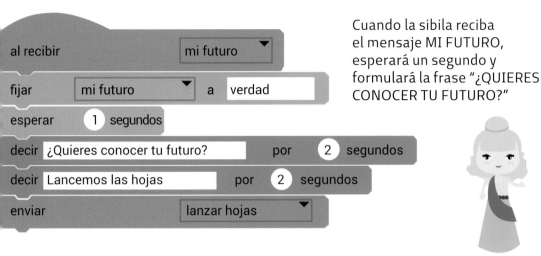

Cuando la sibila reciba el mensaje MI FUTURO, esperará un segundo y formulará la frase "¿QUIERES CONOCER TU FUTURO?"

Finalmente, anunciará al jugador que va a lanzar las hojas y enviará a todos el mensaje LANZAR HOJAS.

EL FUTURO DE UN AMIGO

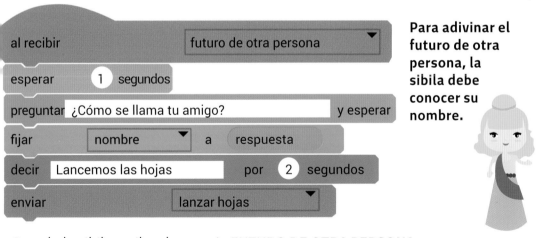

Para adivinar el futuro de otra persona, la sibila debe conocer su nombre.

Cuando la sibila reciba el mensaje FUTURO DE OTRA PERSONA, esperará 1 segundo y preguntará el nombre de la persona de la que se quiere conocer el futuro.

Guardará la respuesta en una variable "nombre", exactamente igual que ha hecho el dragón del proyecto 3.

Por último, avisará al jugador de que se dispone a lanzar las hojas y enviará el mensaje LANZAR HOJAS.

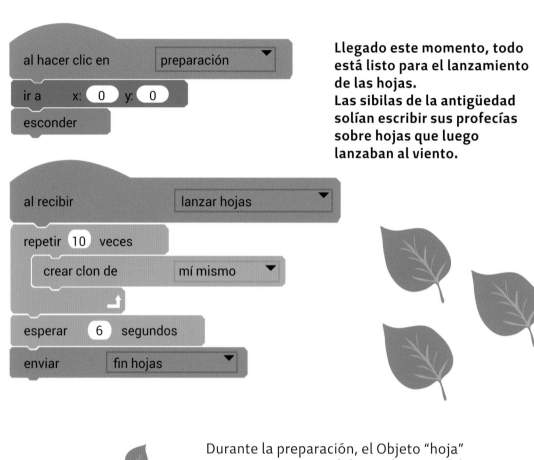

Llegado este momento, todo está listo para el lanzamiento de las hojas.
Las sibilas de la antigüedad solían escribir sus profecías sobre hojas que luego lanzaban al viento.

Durante la preparación, el Objeto "hoja" permanecerá escondido en el centro del Escenario (X: 0, Y: 0), detrás de la sibila, que estará en primer plano.
En cuanto reciba el mensaje LANZAR HOJAS, creará 10 clones de sí mismo.
Seis segundos después, enviará a todos el mensaje FIN HOJAS para comunicar que la dispersión de estas ha concluido.

Vamos a crear un movimiento que simule de forma creíble la disposición de las hojas lanzadas al aire. ¿Qué es lo primero que hace un objeto al ser lanzado hacia arriba? ¡Ascender, claro!

al comenzar como clon

ir a   x: número al azar entre -40 y 40 y: 0

mostrar

deslizar en 0,2 segundos a x: posición en x y: 190

Para evitar que las hojas salgan propulsadas en línea recta justo después de ser clonadas, habrá que programar el Objeto para que se desplace ligeramente hacia la derecha o hacia la izquierda respecto al punto de partida. Le ordenaremos que se coloque en una posición X en un NÚMERO AL AZAR ENTRE -40 y 40 y, acto seguido, que se muestre.

Después, cada clon se deslizará un instante hacia arriba. Usa como coordenada Y el número 190; y deja que la X se mantenga como un número escogido al azar (utiliza el bloque "posición en X").

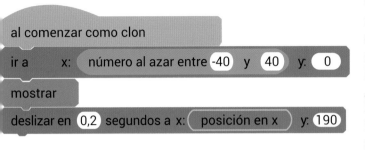

ir a   x: número al azar entre 100 y -100   y: 180

enviar al frente

deslizar en número al azar entre 3 y 6 segundos a x: posición en x y: 180

esperar   2 segundos

borrar este clon

¡Ahora las hojas deben caer! Continúa trabajando con el comando anterior.

¡Ahora que están arriba, las hojas no pueden caer todas en el mismo punto! Procura que antes de caer desde lo alto, en Y: 180, se desplacen un poco hacia la derecha y un poco hacia la izquierda, hasta llegar a una X NÚMERO AL AZAR ENTRE -100 y 100.

Entonces, deberán colocarse en primer plano y caer delante de la sibila, tras lo cual, transcurrido un número aleatorio de segundos, se deslizarán hasta el suelo (Y: -180), manteniendo su posición X.

Dos segundos después, el clon será eliminado: de este modo, no se encontrará en escena en el próximo lanzamiento.

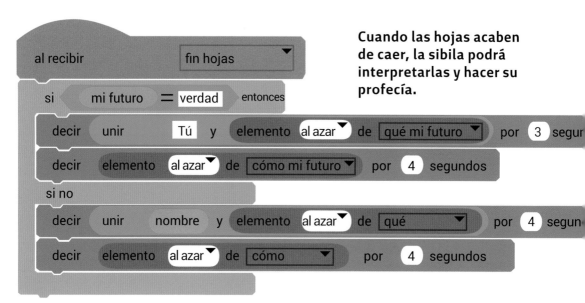

Cuando las hojas acaben de caer, la sibila podrá interpretarlas y hacer su profecía.

al recibir — fin hojas

si ⟨ mi futuro = verdad ⟩ entonces

   decir — unir — Tú — y — elemento al azar de ⟨qué mi futuro⟩ por 3 segur

   decir — elemento al azar de ⟨cómo mi futuro⟩ por 4 segundos

si no

   decir — unir — nombre — y — elemento al azar de ⟨qué⟩ por 4 segun

   decir — elemento al azar de ⟨cómo⟩ por 4 segundos

Cuando el Objeto reciba el mensaje FIN HOJAS, controlará por medio de las variables si le has pedido que formule una profecía sobre tu futuro o sobre el de otra persona.
Así, SI la variable MI FUTURO es igual a "verdad", ENTONCES la sibila dirá una frase compuesta por "Tú" y un elemento al azar de la lista que contiene los "qué", seguido de un elemento al azar de la lista que recoge los "cómo" referidos al futuro del jugador.

SI NO, es decir, si la sibila detecta que le hemos preguntado por el futuro de otra persona, dirá: NOMBRE y UN ELEMENTO AL AZAR de la lista de los "qué", seguido de un elemento al azar de la lista de los "cómo".

¡SEGURO QUE, A ESTAS ALTURAS, YA NO NECESITAS EL PROGRAMA COMPLETO!

ESTOY CONVENCIDO DE QUE HAS TERMINADO TU TRABAJO Y ESTÁS INTERROGANDO A LA SIBILA

POR CIERTO... ¡PREGÚNTALE ALGO SOBRE MI FUTURO!

DESAFÍO

¿DÓNDE?

¡Haz que el juego sea aún más divertido!

Hasta ahora, la sibila solamente revela qué
sucederá y cómo ocurrirá, pero no especifica dónde.
¡Crea una nueva categoría de frases para
que las utilice en sus profecías!

Una pista:

¡utiliza las listas!

6.

NIVEL

EL
CARACOLÓDROMO

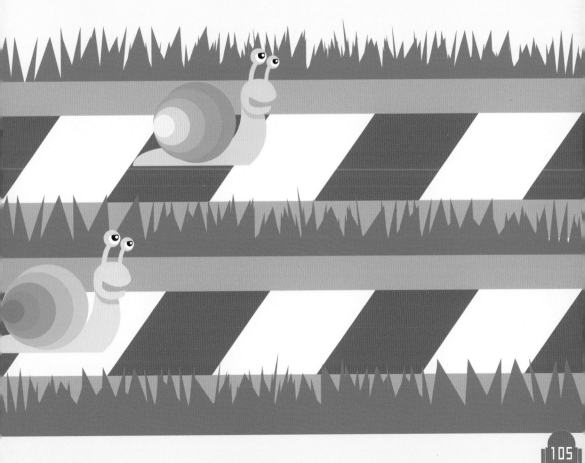

6.

EL CARACOLÓDROMO

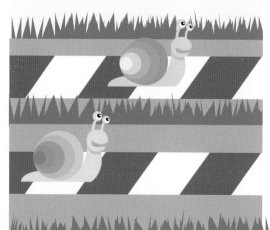

Dos caracoles compiten a una velocidad endiablada para alcanzar un cogollo de lechuga. ¿Quién llegará primero?

NIVEL:

EL JUEGO

¡Desafía a un amigo!

Espera tu turno, roba una carta y... ¡cruza los dedos!

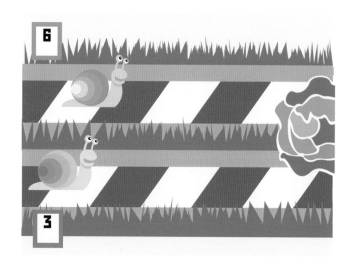

- Crear un juego por turnos que incluya a varios jugadores

- Inventar un mecanismo de dados que influya en el juego

OBJETOS

MATERIALES

1	2	3	4
5	6	7 x2	↰

1	2	3	4
5	6	7 x2	↰

FONDOS

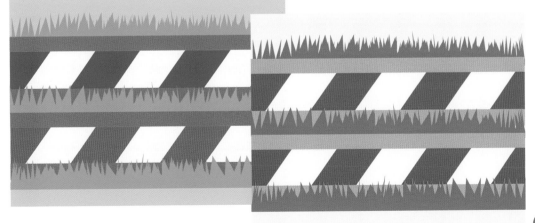

Los protagonistas de este juego son dos caracoles y dos barajas de cartas.

Te enseñaré solo los Objetos que debes programar para el primer jugador y la primera baraja. Para el segundo protagonista y la segunda baraja, los Programas serán idénticos: únicamente necesitarás cambiar los nombres de las variables y los de los mensajes.

Cuando acabes, deberás duplicar todos los Programas del primer caracol y de la primera baraja y arrastrarlos al segundo caracol y a la segunda baraja, respectivamente. No olvides que cada vez que un mensaje o una variable contengan "jugador 1", ese mensaje o variable tendrá que substituirse por su copia: "jugador 2".

ESTAS SON LAS VARIABLES QUE UTILIZARÁS:

Turno jugador 1

Turno jugador 2

CJ1   Equivale a "Carta robada por el Jugador 1"

CJ2   Equivale a "Carta robada por el Jugador 2"

Y ESTOS SON LOS MENSAJES:

Jugador 1 mover

Jugador 2 mover

Jugador 1 doble turno

Jugador 2 doble turno

Jugador 1 volver al inicio

Jugador 2 volver al inicio

Jugador 1 ganar

Jugador 2 ganar

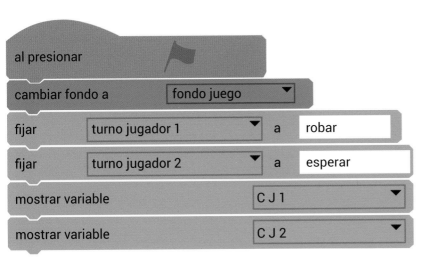

al presionar

cambiar fondo a [fondo juego ▼]

fijar [turno jugador 1 ▼] a [robar]

fijar [turno jugador 2 ▼] a [esperar]

mostrar variable [C J 1 ▼]

mostrar variable [C J 2 ▼]

Como ya hemos dicho, este es un juego que funciona por turnos: ¡el jugador solo puede robar una carta cuando le toca a él!

Para empezar, crea dos variables: "Turno jugador 1" y "Turno jugador 2".
Posiciónalas, en la pantalla de juego, junto a la baraja del jugador al que pertenezcan.

Prepara el Escenario para que cuando el juego arranque el fondo sea el que necesitas, e inmediatamente después fija el turno del primer jugador en "robar" y el del segundo en "esperar".

Por último, haz que se muestren las dos variables.

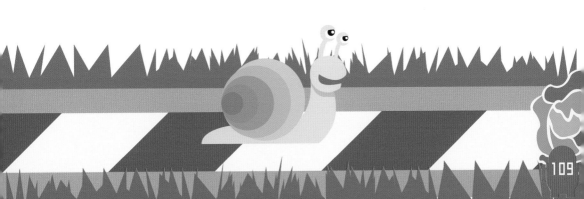

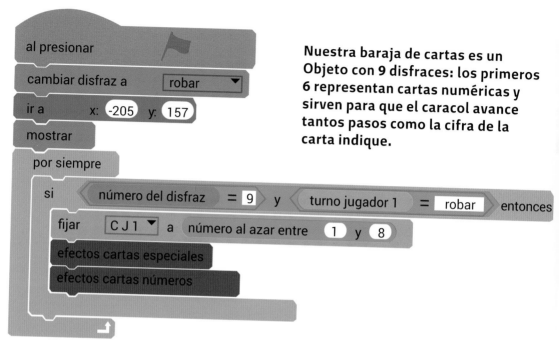

Nuestra baraja de cartas es un Objeto con 9 disfraces: los primeros 6 representan cartas numéricas y sirven para que el caracol avance tantos pasos como la cifra de la carta indique.

Los disfraces número 7 y 8, por el contrario, son cartas especiales: nos ocuparemos de ellas más adelante.

Por último, el disfraz "robar", es decir, el número 9, representa el reverso de la carta. Para poder robar una carta, es necesario que se cumplan las siguientes condiciones:

1. La baraja debe tener el disfraz "robar".
2. Tiene que ser nuestro turno.

Al principio del juego, la baraja estará programada con el disfraz "robar". Debe, por tanto, posicionarse en un punto concreto del Escenario y mostrarse.

Desde este momento, y POR SIEMPRE, controlará si las dos condiciones que sirven para robar se cumplen.

Cuando sean ciertas, fijará la variable "C J 1" (es decir, Carta Jugador 1) en un número al azar entre 1 y 8, tras lo cual comprobará si has robado una carta número o una carta especial. Los bloques violeta de la imagen todavía no existen: no te preocupes, los crearemos en un momento utilizando la función Más Bloques.

¿Cómo se crea el mecanismo para robar una carta?

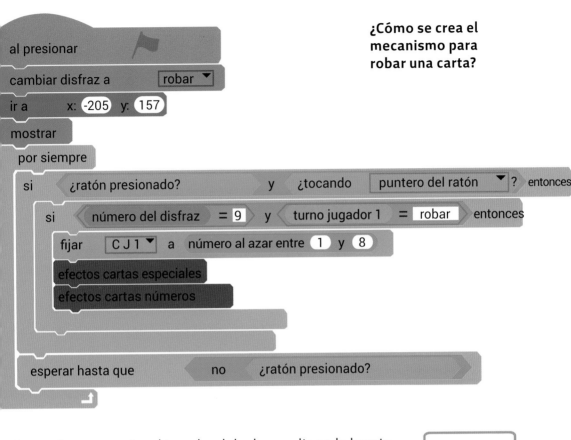

al presionar ⚑

cambiar disfraz a [robar ▼]

ir a   x: (-205) y: (157)

mostrar

por siempre

si ⟨ ¿ratón presionado? ⟩ y ⟨ ¿tocando [puntero del ratón ▼]? ⟩ entonces

si ⟨ número del disfraz = 9 ⟩ y ⟨ turno jugador 1 = [robar] ⟩ entonces

fijar [C J 1 ▼] a ⟨ número al azar entre (1) y (8) ⟩

efectos cartas especiales

efectos cartas números

esperar hasta que ⟨ no ⟨ ¿ratón presionado? ⟩ ⟩

Para robar una carta, el jugador debe hacer clic en la baraja. Ahora, presta atención: ¡el próximo paso es un poco complicado! Inserta el SI... ENTONCES que acabas de crear dentro de otro bloque SI... ENTONCES. De este modo, la instrucción que está en la parte más interior se activará solo si se activa también la del bloque exterior.

El juego robará una carta solo SI estamos haciendo clic en la baraja, esto es, si el puntero del ratón la está TOCANDO y si el botón del ratón está presionando.

Tras el segundo SI... ENTONCES, añade un bloque ESPERAR HASTA QUE, e introduce un operador NO seguido de ¿RATÓN PRESIONADO?

¿Lo recuerdas? ¡Ya has construido un Programa muy parecido a este en el juego número 4!

¿Qué ocurre cuando sacamos una carta numérica?

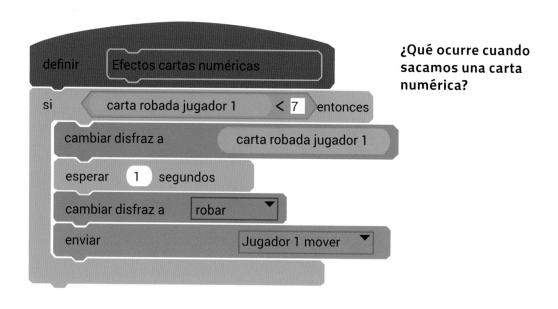

definir · Efectos cartas numéricas

si ⟨ carta robada jugador 1 < 7 ⟩ entonces

  cambiar disfraz a · carta robada jugador 1

  esperar 1 segundos

  cambiar disfraz a · robar ▾

  enviar · Jugador 1 mover ▾

1   2   3   4   5   6   7 x2   ↰ (8)

Veamos con detalle los nuevos bloques a los que nos referíamos antes.
Los definiremos así:

si la variable C J 1 es inferior a 7, la carta robada será de tipo numérico y la baraja siempre deberá mostrar el disfraz que tiene el mismo número que la variable C J 1. Por ejemplo, si robamos la carta número 5, la baraja tendrá que cambiar al disfraz número 5.

Un segundo más tarde, la baraja volverá a su disfraz inicial y enviará a todos el mensaje "Jugador 1 mover".

¿Y si sacamos una carta especial?

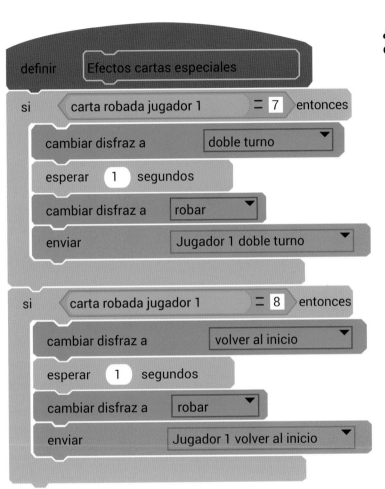

Si tienes la fortuna de robar la carta número 7, la baraja cambiará al disfraz "doble turno". Un segundo más tarde volverá al disfraz "robar" y enviará el mensaje "Jugador 1 doble turno".

Si, en cambio, sacaras la carta número 8, la baraja cambiaría al disfraz "volver al inicio" y después de esperar 1 segundo y recuperar el disfraz inicial mandaría el mensaje "Jugador 1 volver al inicio".

¡Puedes imaginar fácilmente las consecuencias de esta carta!

          (8)

al recibir | jugador 1 mover ▼

deslizar en ⓪ segundos a x: (posición en x + (10 * C J 1) y: (posición en y

Cada vez que alguien saca una carta numérica, el caracol debe avanzar hacia adelante. Cuanto más alto sea el valor de la carta, más lejos se desplazará el protagonista.

Para poder moverse como debe, el caracol tiene que mantener invariable su POSICIÓN Y y añadir a su POSICIÓN X el número de la carta robada (C J 1).

Pero si a su posición X solo le añadimos el número de la carta robada, ¡dará unos pasos minúsculos! Por este motivo hay que programarlo para que el número de la carta robada se multiplique siempre por 10.

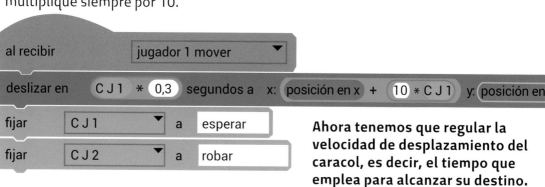

Ahora tenemos que regular la velocidad de desplazamiento del caracol, es decir, el tiempo que emplea para alcanzar su destino.

Haz que el caracol se deslice hasta C J 1 x 0,3 segundos. De este modo, nuestro héroe completará lentamente su camino. Cuando deba recorrer una mayor distancia, empleará un poco más de tiempo.
Pongamos algún ejemplo:
Si la carta robada es 1, el caracol deberá recorrer poco camino, y dado que 1 x 0,3 = 0,3, se deslizará en 0,3 segundos.
Si la carta robada es 6, el caracol deberá recorrer un camino más largo. Por tanto, necesitará más tiempo: 6 x 0,3 = 1,8 segundos.

Cuando el caracol haya concluido su movimiento, permanecerá en posición "esperar" y el turno pasará al otro jugador. El segundo caracol, en este instante cambiará su estado a "robar".

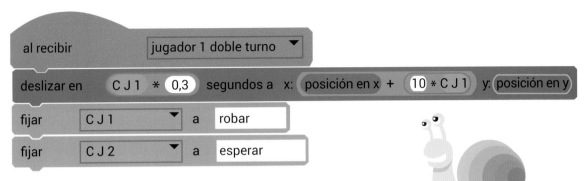

al recibir · jugador 1 doble turno ▼

deslizar en (C J 1 * 0,3) segundos a x: (posición en x + (10 * C J 1)) y: posición en y

fijar C J 1 ▼ a robar

fijar C J 2 ▼ a esperar

El caracol deberá avanzar exactamente de la misma manera cuando un jugador saque la carta "doble turno". Esta vez, a diferencia de las anteriores, no tendrá que ceder el turno, sino que dispondrá de otra jugada.

VUELVE AL INICIO

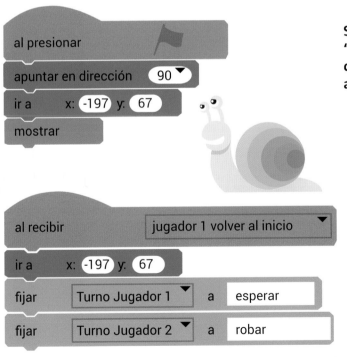

al presionar

apuntar en dirección 90 ▼

ir a x: -197 y: 67

mostrar

al recibir · jugador 1 volver al inicio ▼

ir a x: -197 y: 67

fijar Turno Jugador 1 ▼ a esperar

fijar Turno Jugador 2 ▼ a robar

Si alguien saca la carta "Volver al principio", el caracol tendrá que regresar a su posición de partida.

Al principio del juego, el caracol debe apuntar hacia la derecha, colocarse en su posición de partida y mostrarse.

Cuando un jugador robe la carta "volver al inicio", ocurrirá lo mismo: el caracol se posicionará en las coordenadas desde las que ha partido, y se procederá al intercambio de turnos.

¡LECHUGA!

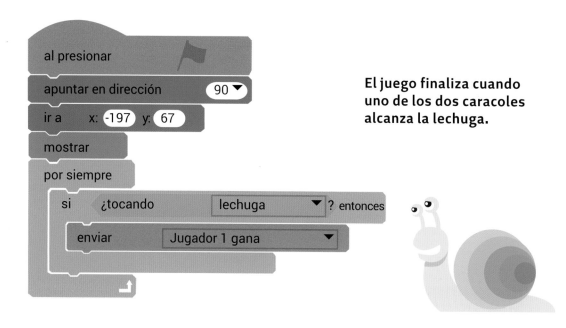

El juego finaliza cuando uno de los dos caracoles alcanza la lechuga.

Programa el juego para que controle POR SIEMPRE si el caracol está TOCANDO el Objeto de la lechuga. En ese caso, envía a todos el mensaje "Jugador 1 gana".
¡Obviamente, tienes que acordarte de hacer lo mismo para el otro jugador!

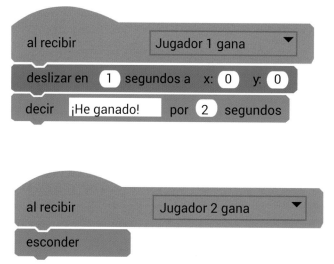

Una vez en la meta, el caracol vencedor debe deslizarse hasta el centro del Escenario y decir "¡He ganado!" durante 2 segundos.
En caso de que venza el otro jugador, en cambio, el caracol derrotado simplemente deberá esconderse.

VICTORIA

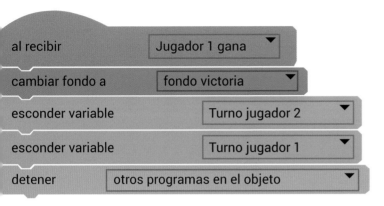

Cuanto el Escenario reciba uno de los dos mensajes de victoria, cambiará el fondo y esconderá las dos variables correspondientes a los turnos. Por último, detendrá todos sus Programas.

¡LECHUGA!

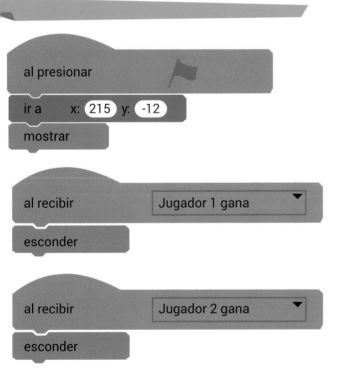

Al comienzo del juego, la lechuga se colocará en su posición inicial y se mostrará. A partir de este momento deberá esperar la victoria de uno de los dos jugadores y, acto seguido, desaparecer.

¡ACUÉRDATE DE DAR LAS INSTRUCCIONES NECESARIAS AL SEGUNDO CARACOL Y A LA SEGUNDA BARAJA, COMO HAS LEÍDO EN LA PÁGINA 108!

DESAFÍO

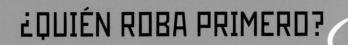

¿QUIÉN ROBA PRIMERO?

Tal como has programado el juego, el jugador 1 siempre mueve primero.

Intenta hacer que el juego elija
al azar quién roba primero.

Una pista:

¡Ánimo, a estas alturas
ya eres muy hábil!

SOLUCIONES

BURBUJAS

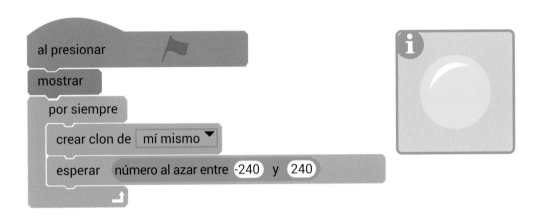

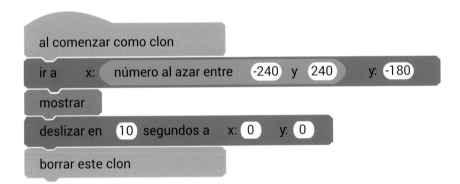

Añade el Objeto burbuja.

Tal como has hecho para los peces, consigue que este Objeto se esconda y que solo se muestren sus clones. Utiliza un ciclo POR SIEMPRE: así conseguirás que las burbujas no se acaben hasta que el programa se cierre.

Añade un bloque AL COMENZAR COMO CLON y programa el Objeto "burbuja" para que se posicione en la parte inferior (Y: -180) en un punto al azar entre izquierda (X: -240) y derecha (X: 240) del Escenario, y para que se muestre.

Por último, haz que se deslice en 10 segundos hasta el centro del Escenario (X: 0, Y: 0) y, finalmente, elimínalo.

¿CUÁL ERA LA RESPUESTA CORRECTA?

Debajo del bloque DECIR "¡Vuelve a intentarlo!", introduce otro bloque DECIR.

Dentro del espacio en blanco que contiene, inserta un bloque UNIR.

Ahora escribe en la primera parte "La respuesta correcta era" y en la segunda introduce las operaciones "primer número" x "segundo número", como habías hecho antes para comprobar la corrección de la multiplicación.

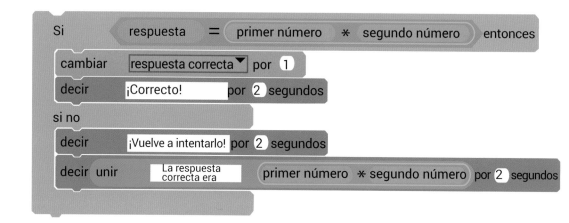

AÑADE UNA INTRODUCCIÓN

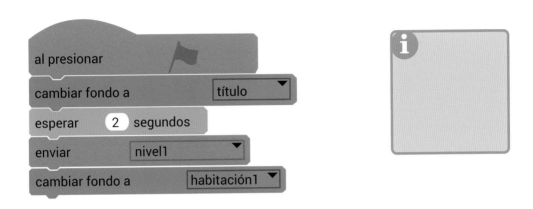

al presionar

cambiar fondo a   título

esperar   2   segundos

enviar   nivel1

cambiar fondo a   habitación1

Crea un fondo: ¿recuerdas cómo se hace? Si no te acuerdas, ve a la página 10.

En el Escenario, antes de enviar a todos los Objetos el mensaje NIVEL 1, haz que el fondo existente cambie por otro fondo llamado "título" durante 2 segundos.

Luego, ordena a todos los Objetos que se escondan al presionar la bandera verde. Cuando se envíe el mensaje "nivel 1" aparecerán en escena solo los elementos necesarios.

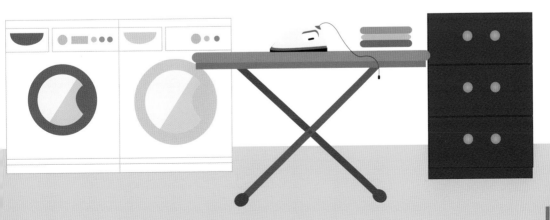

¿DÓNDE?

Crea una lista titulada "dónde" y haz que se complete en el Escenario, durante la preparación. Después, añade a la profecía de la sibila un bloque DECIR "elemento al azar" de la lista "dónde".

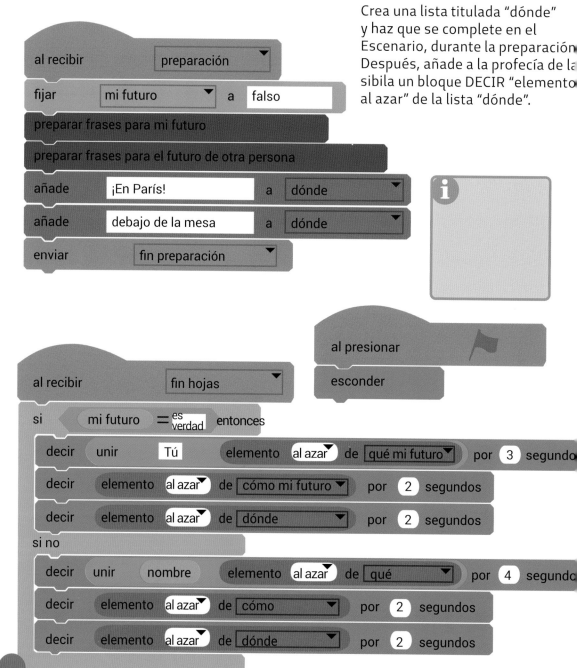

al recibir **preparación**

fijar **mi futuro** a **falso**

preparar frases para mi futuro

preparar frases para el futuro de otra persona

añade **¡En París!** a **dónde**

añade **debajo de la mesa** a **dónde**

enviar **fin preparación**

i

al presionar 🚩

esconder

al recibir **fin hojas**

si ⟨ **mi futuro** = **es verdad** ⟩ entonces

   decir unir **Tú** ⟨elemento **al azar** de **qué mi futuro**⟩ por **3** segundos

   decir elemento **al azar** de **cómo mi futuro** por **2** segundos

   decir elemento **al azar** de **dónde** por **2** segundos

si no

   decir unir **nombre** ⟨elemento **al azar** de **qué**⟩ por **4** segundos

   decir elemento **al azar** de **cómo** por **2** segundos

   decir elemento **al azar** de **dónde** por **2** segundos

¿QUIÉN ROBA PRIMERO?

```
al presionar 🏳

  mostrar variable        turno jugador 1 ▼

  mostrar variable        turno jugador 2 ▼

  cambiar fondo a      fondo juego ▼

  fijar   robar primero ▼   a    número
                             al azar entre   1  y  2

  si      robar primero  = 1   entonces

      fijar      turno jugador 1 ▼     a    robar

      fijar      turno jugador 2 ▼     a    esperar

  si no

      fijar      turno jugador 1 ▼     a    esperar

      fijar      turno jugador 2 ▼     a    robar
```

Crea una variable "Roba primero" y fíjala, al comienzo del juego, en un número al azar entre 1 y 2. Después, comprueba si ha salido elegido el número 1: SI es así, ENTONCES fija "Turno jugador 1" en "robar" y "Turno jugador 2" en "esperar". Si no, haz lo contrario.

Has aprendido a...

- Planificar un proyecto desde cero
- Crear una animación simple
- Utilizar los efectos gráficos

- Clonar Objetos
- Utilizar el azar

- Programar un juego de preguntas
  y respuestas
- Emplear las variables

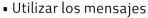

- Utilizar los mensajes
- Crear un juego de niveles
- Aplicar nuevas formas de interactuar
  con los Objetos: clic, micrófono, *drag
  and drop*

- Utilizar listas
- Crear botones en pantalla
- Generar nuevos bloques

- Crear un juego que incluya turnos para
  varios jugadores
- Inventar un sistema de dados que
  influya en el juego

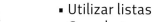
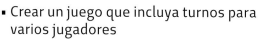

¿TE HAS DIVERTIDO? ¿QUIERES CONTINUAR? ¡SIGUE EXPERIMENTANDO CON LO QUE HAS APRENDIDO Y ATRÉVETE A CREAR NUEVOS JUEGOS!

RECUERDA QUE SCRATCH TAMBIÉN ES UNA COMUNIDAD ONLINE EN LA QUE PUEDES ENCONTRAR NUEVOS PROYECTOS Y COMPARTIR LOS TUYOS.

SI DESEAS PONERTE A PRUEBA CON NUEVOS ENEMIGOS E HISTORIAS ANIMADAS, BUSCA EN LA LIBRERÍA NUESTRO PRIMER VOLUMEN:

PROGRAMACIÓN. CREA TUS PROPIAS ANIMACIONES CON SCRATCH.

Estos proyectos son fruto de la experiencia de los cursos y talleres organizados y realizados por Coder Kids, bien en el colegio, como ampliación de la oferta didáctica, bien como actividad extraescolar.

Aprovechamos para agradecer a los niños, a sus familias y a los docentes, su participación siempre entusiasta en el proyecto. Para nosotros han resultado una constante fuente de inspiración.

CODER KIDS

Coder Kids se dedica, desde el año 2014, a organizar cursos de robótica y programación para niños y adolescentes. Sus talleres se desarrollan en las escuelas, como una ampliación de la oferta didáctica, o bien como actividades extraescolares.
Los proyectos contenidos en este libro, diseñados y creados por Viviana Figus, Federico Vagliasindi, Federica Gambel y Johan Aludden, son fruto de la experiencia de estos talleres. Aprovechamos la ocasión para agradecer a los niños, a sus familias, a los educadores y a todos los formadores de Coder Kids su entusiasta colaboración, que ha sido para nosotros altamente inspiradora. Coder Kids también ha publicado para Vicens Vives Kids el volumen «1 Programa como un genio. Disenya tus videojuegos con Scratch».

ILUSTRACIONES
Y PROYECTO GRÁFICO DE:

VALENTINA FIGUS

La edición original de este libro ha sido creada y publicada por White Star, s.r.l. Piazzale Luigi Cadorna, 6. 20123 Milan-Italy.
www.whitestar.it

White Star Kids® es una marca registrada propiedad de White Star s.r.l.
© 2017 White Star s.r.l.
© 2017 EDITORIAL VICENS VIVES, S.A.
Sobre la presente edición.

Depósito Legal: B. 23.773-2017
ISBN: 978-84-682-5426-5
N° de Orden V.V.: KV30

Traducción española de Isabel Soto.

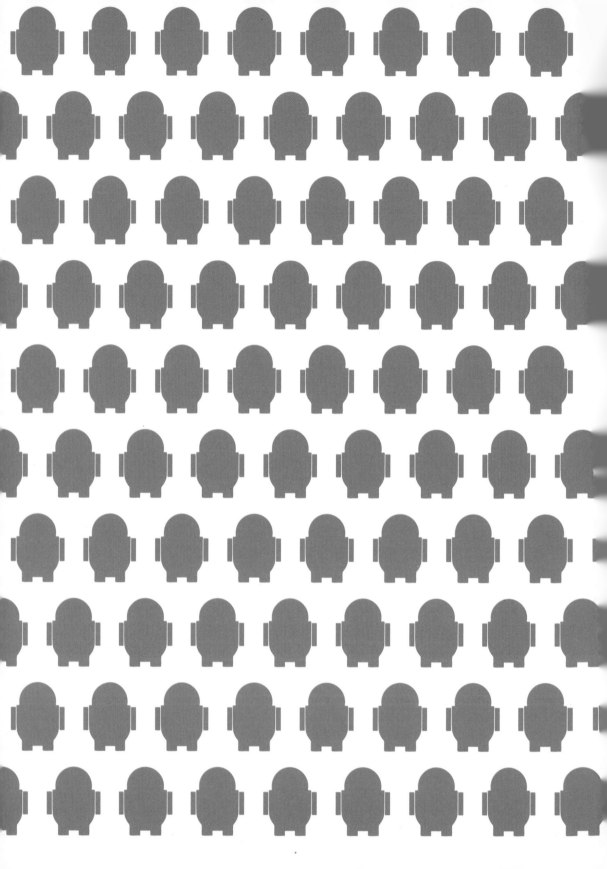